Matthias Bonk

Darstellung wirtschaftswissenschaftlicher Konzepte und M
mit Hilfe der Programmiersprache Pascal

Matthias Bonk

# Darstellung wirtschaftswissenschaftlicher Konzepte und Modelle am Computer mit Hilfe der Programmiersprache Pascal

Diplom.de

**Bibliografische Information der Deutschen Nationalbibliothek:**

Bibliografische Information der Deutschen Nationalbibliothek: Die Deutsche Bibliothek verzeichnet diese Publikation in der Deutschen Nationalbibliografie; detaillierte bibliografische Daten sind im Internet über http://dnb.d-nb.de/ abrufbar.

Copyright © 1997 Diplomica Verlag GmbH
Druck und Bindung: Books on Demand GmbH, Norderstedt Germany
ISBN: 978-3-8386-1508-0

http://www.diplom.de/e-book/217355/darstellung-wirtschaftswissenschaftlicher-konzepte-und-modelle-am-computer

Matthias Bonk

# Darstellung wirtschaftswissen- schaftlicher Konzepte und Modelle am Computer mit Hilfe der Programmiersprache Pascal

Diplomarbeit
an der Albert-Ludwigs-Universität Freiburg
4 Monate Bearbeitungsdauer
Februar 1997 Abgabe

*Diplomarbeiten* Agentur
Dipl. Kfm. Dipl. Hdl. Björn Bedey
Dipl. Wi.-Ing. Martin Haschke
und Guido Meyer GbR

Hermannstal 119 k
22119 Hamburg

agentur@diplom.de
www.diplom.de

ID 1508
Bonk, Matthias: Darstellung wirtschaftswissenschaftlicher Konzepte und Modelle am Computer mit Hilfe der Programmiersprache Pascal / Matthias Bonk -
Hamburg: Diplomarbeiten Agentur, 1999
Zugl.: Freiburg im Breisgau, Universität, Diplom, 1997

Dipl. Kfm. Dipl. Hdl. Björn Bedey, Dipl. Wi.-Ing. Martin Haschke & Guido Meyer GbR
Diplomarbeiten Agentur, http://www.diplom.de, Hamburg
Printed in Germany

*Diplomarbeiten* Agentur

# Wissensquellen gewinnbringend nutzen

**Qualität, Praxisrelevanz** und **Aktualität** zeichnen unsere Studien aus. Wir bieten Ihnen im Auftrag unserer Autorinnen und Autoren Wirtschafts-studien und wissenschaftliche Abschlussarbeiten – Dissertationen, Diplomarbeiten, Magisterarbeiten, Staatsexamensarbeiten und Studien-arbeiten zum Kauf. Sie wurden an deutschen Universitäten, Fachhoch-schulen, Akademien oder vergleichbaren Institutionen der Europäischen Union geschrieben. Der Notendurchschnitt liegt bei 1,5.

**Wettbewerbsvorteile verschaffen** – Vergleichen Sie den Preis unserer Studien mit den Honoraren externer Berater. Um dieses Wissen selbst zusammenzutragen, müssten Sie viel Zeit und Geld aufbringen.

**http://www.diplom.de** bietet Ihnen unser vollständiges Lieferprogramm mit mehreren tausend Studien im Internet. Neben dem Online-Katalog und der Online-Suchmaschine für Ihre Recherche steht Ihnen auch eine Online-Bestellfunktion zur Verfügung. Inhaltliche Zusammenfassungen und Inhaltsverzeichnisse zu jeder Studie sind im Internet einsehbar.

**Individueller Service** – Gerne senden wir Ihnen auch unseren Papier-katalog zu. Bitte fordern Sie Ihr individuelles Exemplar bei uns an. Für Fragen, Anregungen und individuelle Anfragen stehen wir Ihnen gerne zur Verfügung. Wir freuen uns auf eine gute Zusammenarbeit

### Ihr Team der *Diplomarbeiten* Agentur

Dipl. Kfm. Dipl. Hdl. Björn Bedey –
Dipl. Wi.-Ing. Martin Haschke ——
und Guido Meyer GbR ——

Hermannstal 119 k ——
22119 Hamburg ——

Fon: 040 / 655 99 20 ——
Fax: 040 / 655 99 222 ——

agentur@diplom.de ——
www.diplom.de ——

# Darstellung wirtschaftswissenschaftlicher Konzepte und Modelle am Computer mit Hilfe der Programmiersprache Pascal

## Inhaltsübersicht

Seite

Anhang: Quellcode der Programme

III

## Abbildungsverzeichnis

Abbildung                                                        Seite

IV

# Tabellenverzeichnis

V

# Symbolverzeichnis

| | |
|---|---|
| a bis i | : Konstanten |
| AD | : aggregierte Nachfrage |
| C | : privater Konsum |
| E | : Erwartungswert |
| G | : Staatsausgaben |
| I | : Investition |
| K | : (Gesamt-) Kosten |
| K' | : Grenzkosten |
| $k_v$ | : variable Stückkosten |
| L | : Geldnachfrage |
| MW | : Stichprobenmittelwert |
| m | : Einkommen |
| NX | : Netto-Export |
| p | : Preis |
| P | : Preisniveau |
| q | : Anteil einer Anlage im Portefeuille |
| R | : Zinssatz |
| Re | : Rendite |
| t | : Zeit |
| T | : Steuersatz |
| u | : Nutzen |
| $\bar{x}$ | : Intensität |
| x | : Anzahl eines Gutes oder Produktes |
| Y | : Volkseinkommen |
| Z | : standardisierte Variable |
| $\mu$ | : Mittelwert |
| $\Pi$ | : Gewinn |
| $\rho$ | : Korrelationskoeffizient |
| $\sigma$ | : Standardabweichung |
| $\sigma_{12}$ | : Kovarianz |

# 1. Einleitung

Volks- und Betriebswirtschaftslehre befassen sich mit Modellen sozialer bzw. unternehmensbezogener Phänomene. Je genauer diese versuchen, die Realität zu beschreiben, desto komplexer werden die Zusammenhänge, die beachtet und umso größer die Datenmengen, die verarbeitet werden müssen. Für die Lösung von wirtschaftswissenschaftlichen Problemen und der anschließenden Ergebnisdarstellung ist der Einsatz von Computern deshalb oft unumgänglich, zumindestens aber vorteilhaft.

Dies anhand einiger Beispiele aufzuzeigen ist das Ziel dieser Arbeit.

Zur Realisierung wurde die Programmiersprache Turbo Pascal verwendet. Es wurden sechs Modelle aus den Bereichen VWL, BWL und Statistik ausgewählt.

Im Teil 2 werden die theoretischen Grundlagen dazu behandelt.

Hinweise zur Anwendung der Programme und Beispiele befinden sich im Teil 3.

## 2. Theoretische Grundlagen

### 2.1 Die optimale Konsumentscheidung

Dieses Modell aus der Mikroökonomie untersucht das Konsumverhalten von Individuen im 2-Güter-Fall. Dabei wird davon ausgegangen, daß ein Konsumen immer das beste Güterbündel wählt, für das sein Einkommen ausreicht[1].

*Budgetbeschränkung*

Zunächst wird anhand des Einkommens $m$ und der Güterpreise $p_1,p_2$ die sogenannte Budgetbeschränkung hergeleitet. Im Diagramm (Abb. 1) sind an de Achsen die Mengeneinheiten der Güter $x_1,x_2$ abgetragen. Die eingezeichnete Gerade gibt die Güterkombinationen an, die sich der Konsument maximal leis kann und wird deshalb Budgetgerade genannt. Punkte auf ihr erfüllen also die Gleichung $p_1x_1+p_2x_2=m$. Punkte unterhalb dieser Geraden stellen Güterbünde dar, die weniger als $m$ kosten[2].

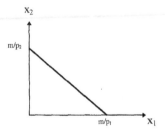

*Abb. 1 : Die Budgetgerade*

---

[1] vgl. Varian, H. (1995), S.68
[2] vgl. ebenda, S.21

*Präferenzen*

Es werden folgende Annahmen über die Art der Präferenzen des Konsumenten gemacht[3] :

(1) Güterbündel A wird besser als Güterbündel B bewertet, wenn A wenigstens genauso viel von jedem der zwei Güter wie B enthält, zusätzlich jedoch von einem Gut mehr.

(2) Ein Güterbündel C, das aus dem gewogenen Durchschnitt zweier gleichbewerteter Güterbündel A und B besteht, wird immer höher bewertet als die Güterbündel A und B selber.

Zusätzlich wird Vollständigkeit, Reflexivität und Transitivität der Präferenzen vorausgesetzt[4].

Im Zwei-Güter-Diagramm lassen sich die Präferenzen mit Hilfe von Indifferenzkurven darstellen. Abb.2 zeigt Beispiele von Indifferenzkurven, die entsprechend den getroffenen Annahmen über die Präferenzen des Konsumenten eine negative Neigung haben (folgt aus (1) ) und konvex sind (folgt aus (2) )[5].

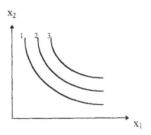

*Abb.2: Indifferenzkurven*

Punkte auf einer Indifferenzkurve repräsentieren Güterbündel, die vom Konsumenten gleich bewertet werden. Er ist also zwischen den Güterbündeln auf einer Kurve indifferent[6].

---

[3] vgl. ebenda, S.42 ff.
[4] vgl. ebenda, S. 33
[5] vgl. ebenda, S. 43 f.
[6] vgl. ebenda, S. 34

4

Um die Präferenzen der Konsumenten zu formalisieren, bedient man sich einer Nutzenfunktion $u(x_1,x_2)$, die jedem Güterbündel eine Zahl zuordnet. Höhere Zahlen stehen für höheren Nutzen, d.h. wenn ein Bündel dem anderen vorgezog[e]n wird, so bekommt dieses eine größere Zahl[7]. So lassen sich die Indifferenzkurve[n] konstruieren, indem man für konstanten Nutzen $u(x_1,x_2)$ alle Punkte $x_1,x_2$ ins Zwei-Güter-Diagramm einträgt[8]. Dabei stehen Kurven, die weiter rechts bzw. weiter oberhalb liegen als eine andere Kurve für ein höheres Nutzenniveau. So werden z.B. in Abb.2 Güterbündel, die auf der Indifferenzkurve 2 liegen, solche[n] vorgezogen, die auf der Kurve 1 liegen. Dieser Sachverhalt läßt sich im dreidimensionalen Raum veranschaulichen, wenn dem Zwei-Güter-Diagramm [e]ine Nutzendimension hinzugefügt wird.

*Die Konsumentscheidung*

Um die optimale Entscheidung des Konsumenten zu finden, wird das Konzept [d]es Budgets mit dem Konzept der Präferenzen zusammengebracht. Das optimale Güterbündel kann erstens wegen der Budgetbeschränkung nicht oberhalb der Budgetgeraden liegen. Zweitens muß das Bündel auf der Indifferenzkurve mit dem höchstmöglichen Nutzenniveau liegen, da der Konsument seinen Nutzen maximieren will. Bei der gegebenen Form der Indifferenzkurven muß die Lösu[ng] also in dem Punkt liegen, in dem die Budgetgerade eine Indifferenzkurve gerad[e] berührt[9]. Abb.3 zeigt die graphische Lösung[10].

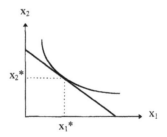

*Abb.3: Die optimale Konsumentscheidung*

---

[7] vgl. ebenda, S. 50
[8] vgl. ebenda, S. 55
[9] vgl. ebenda, S.68 f.
[10] vgl. ebenda, S.69

Das optimale Güterbündel $x_1{}^*,x_2{}^*$ läßt sich formal ermitteln, indem unter der Nebenbedingung der Budgetgeraden $p_1x_1+p_2x_2=m$ die Nutzenfunktion $u(x_1,x_2)$ maximiert wird[11].

## Substitutions- und Einkommenseffekt

Die Preisänderung eines Gutes hat zwei Effekte. Erstens ändert sich das Tauschverhältnis der beiden Güter. Zweitens wird die Kaufkraft des Einkommens geändert. Die durch die Preisänderung veranlaßte Bewegung der Budgetgeraden kann man dem folgend in zwei Schritte aufteilen. Der erste Effekt läßt sich durch eine Drehung der Geraden im Punkt der Konsumentscheidung vor der Preisänderung darstellen (Substitutionseffekt). Dann folgt eine Verschiebung der Budgetgeraden aufgrund der zweiten Wirkung, der geänderten Kaufkraft (Einkommenseffekt)[12].

## 2.2 Cournot-Duopol und Mengenführerschaft im Stackelberg-Duopol

Diese Modelle aus der klassischen Oligopoltheorie beschäftigen sich mit dem strategischen Verhalten zweier konkurrierender Unternehmen, die sich den Markt für ein identisches Produkt teilen.

### Cournot-Duopol

Der Markt ist gekennzeichnet durch die Marktnachfrage $p(x_1+x_2)$, wobei $p$ den Preis und $x_1,x_2$ die produzierten Mengen der Unternehmen 1 und 2 bezeichnen. Die Unternehmen haben die Kostenfunktionen $K_1(x_1)$ und $K_2(x_2)$. Betrachtet man Unternehmen 1, so ergibt sich die Gewinnfunktion $\Pi_1=p(x_1+x_2)x_1-K_1(x_1)$, die es zu maximieren gilt. Durch Differenzieren nach $x_1$ und Nullsetzen erhält man die sogenannte Reaktionsfunktion $x_1=f_1(x_2)$. Sie gibt den gewinnmaximalen Output für Unternehmen 1 bei gegebenem Output von Unternehmen 2 an. Auf die gleiche Weise bildet Unternehmen 2 seine Reaktionsfunktion[13].

Abb.4 zeigt beispielhaft die Reaktionskurven zweier Unternehmen[14].

---

[11] vgl. ebenda, S.85 f.
[12] vgl. ebenda, S.129 ff.
[13] vgl. Varian, H. (1995), S.443
[14] vgl. ebenda, S.445

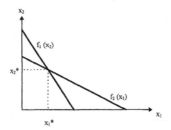

*Abb.4: Reaktionsfunktionen und Cournot-Gleichgewicht*

Im Schnittpunkt $(x_1{}^*, x_2{}^*)$ herrscht das Cournot-Gleichgewicht, in dem gilt[15]:

$x_1{}^* = f_1(x_2{}^*)$ und $x_2{}^* = f_2(x_1{}^*)$.

Angenommen, es herrscht eine Ungleichgewichtssituation und die Unternehmen produzieren Mengen, die Punkt A in Abb.5 entsprechen. Unternehmen 1 produziert in diesem Punkt nicht gewinnmaximal, wird also seinen Output gemäß seiner Reaktionsfunktion anpassen, so daß Punkt B erreicht wird. Daraufhin reagiert wiederum Unternehmen 2, so daß C erreicht wird usw. bis schließlich ein Gleichgewicht erreicht ist[16].

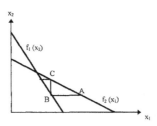

*Abb.5: Die Anpassung zum Cournot-Gleichgewicht*

---

[15] vgl. ebenda, S.443
[16] vgl. ebenda, S.445 f.

*Mengenführerschaft im Stackelberg-Duopol*

Dieses Modell unterscheidet sich vom Cournot-Fall dadurch, daß ein Unternehmen weiß, wie das andere Unternehmen auf seine Outputentscheidung reagiert. Dieses Unternehmen kennt also die Reaktionsfunktion des Konkurrenten und kann diese in seine Gewinnfunktion einsetzen. So kann er direkt seinen gewinnmaximalen Output errechnen. Damit ist er der Mengenführer. Das andere Unternehmen handelt wie ein Cournot-Duopolist und paßt seinen Output entsprechend an[17].

## 2.3 Das IS-LM-Modell

Als grundlegendes Modell der Makroökonomie dient das IS-LM-Modell zur Bestimmung der Gleichgewichtswerte von Volkseinkommen und Zinssatz.

Es bedeuten:

| | |
|---|---|
| $Y$ | Volkseinkommen |
| $R$ | Zinssatz |
| $P$ | Preisniveau |
| $G$ | Staatsausgaben |
| $T$ | Steuersatz |
| $a$ bis $i$ | Konstanten |

Es wird von folgenden Verhaltensgleichungen ausgegangen[18]:

| | |
|---|---|
| $C=a+b(1-T)Y$ | privater Konsum |
| $I=c-dR$ | Investition |
| $NX=e-fY-gR$ | Nettoexport |
| $L=(hY-iR)P$ | Geldnachfrage |

Dann lautet die Definition der aggregierten Nachfrage:[19] $AD=C+I+NX+G$.

---

[17] vgl. ebenda, S.434 ff.
[18] vgl. Hall, R. und Taylor, J. (1991), S.159
[19] vgl. Dornbusch, R. und Fischer, S. (1992), S.116

*Gütermarktgleichgewicht und Herleitung der IS-Kurve*

Die Gütermarktgleichgewichtsbedingung[20] $AD=Y$ ist auf der 45°-Diagonalen in Abb.6a erfüllt. Für zwei unterschiedliche Zinsniveaus $R_1$ und $R_2$ sind die entsprechenden $AD$-Kurven eingezeichnet. Aus den Schnittpunkten mit der Diagonalen ergeben sich die gleichgewichtigen Einkommensniveaus $Y_1$ und $Y_2$. Diese Informationen lassen sich jetzt auf das Zins-Volkseinkommen-Diagramm (Abb.6b) übertragen. Aus den Punkten $(R_1, Y_1)$ und $(R_2, Y_2)$ läßt sich die sogenan IS-Kurve konstruieren. Punkte auf der IS-Kurve sind also alle Kombinationen v Zins und Einkommen, bei denen Gütermarktgleichgewicht herrscht[21].

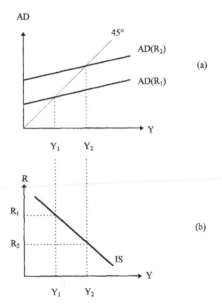

*Abb.6: Die Herleitung der IS-Kurve*

*Geldmarktgleichgewicht und Herleitung der LM-Kurve*

Ähnlich erfolgt die Herleitung der LM-Kurve. Im Geldmarkt-Diagramm (Abb ist das Geldangebot durch die vertikale Linie $L_S$ dargestellt. Für zwei verschie Einkommensniveaus $Y_1$ und $Y_2$ ergeben sich die Geldnachfragekurven $L(Y_1)$ u $L(Y_2)$. In den Schnittpunkten mit der Geldangebotslinie herrscht Geldmarkt-

---

[20] vgl. ebenda, S.117, Hall, R. und Taylor, J. (1991), S.159
[21] vgl. Dornbusch, R. und Fischer, S. (1992), S.119, Hall, R. und Taylor, J. (1991), S.161

gleichgewicht. Die jeweiligen gleichgewichtigen Zinssätze sind an der Ordinate eingezeichnet. Analog zur IS-Kurve läßt sich hier aus $(R_1, Y_1)$ und $(R_2, Y_2)$ die LM-Kurve konstruieren (Abb.7a), die alle $Y$-$R$-Kombinationen darstellt, in denen der Geldmarkt im Gleichgewicht ist[22].

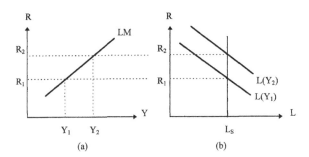

*Abb.7: Die Herleitung der LM-Kurve*

### Das IS-LM-Gleichgewicht

Der Schnittpunkt von IS- und LM-Kurve ($R^*, Y^*$ in Abb.8) liefert nun die Werte von Volkseinkommen und Zins, in denen sowohl der Geldmarkt als auch der Gütermarkt im Gleichgewicht ist[23].

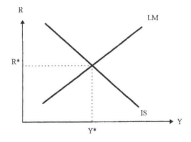

*Abb.8 Das IS-LM-Gleichgewicht*

---

[22] vgl. Dornbusch, R. und Fischer, S. (1992), S.132, Hall, R. und Taylor, J.(1991), S.164
[23] vgl. Dornbusch, R. und Fischer, S. (1992), S.137, Hall, R. und Taylor, J. (1991), S.167

## 2.4 Optimale Produktionsplanung und Gewinnmaximierung bei kombinierter Anpassung

Hierbei wird von einem Unternehmen ausgegangen, das mit mehreren kostenverschiedenen Aggregaten das gleiche Produkt herstellt, wobei die variablen Stückkosten von der Ausbringungsmenge abhängig sind. Für jede mögliche Ausbringungsmenge wird die kostenminimale Produktionsweise ermittelt, woraus die aggregierte Grenzkostenkurve des Unternehmens hergeleitet werden kann. Für eine gegebene Preis-Absatz-Funktion kann unter der Bedingung Grenzerlös=Grenzkosten nun das Ziel der Gewinnmaximierung realisiert werden

Jede Anlage ist durch eine Stückkostenfunktion $k_v(\bar{x})$ charakterisiert, wobei $\bar{x}$ die Intensität (produzierte Mengeneinheiten pro Zeiteinheit) bezeichnet[24]. Jedes Aggregat weist eine maximale Intensität $\bar{x}_{max}$ auf, mit der es gefahren werden kann. Abb.9 zeigt beispielhaft die Stückkostenfunktionen für ein Unternehmen mit 2 Anlagen A und B[25].

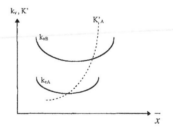

*Abb.9: Stückkostenkurven*

Dem Unternehmen stehen $t_{max}$ Zeiteinheiten in der Planungsperiode zur Verfügung.

Für die kostenminimale Produktion hängt der Einsatz der Maschinen von der gewünschten Ausbringungsmenge ab. Sollen niedrige Stückzahlen produziert werden, so wird zuerst das Aggregat mit dem niedrigsten Stückkostenminimum

[24] vgl. Hilke, W. (1988), S.9
[25] vgl. ebenda, S.10, Jacob, H. (1962), S.218

eingesetzt (im Beispiel Aggregat A). Wird A mit stückkostenminimaler Intensität $\bar{x}_{A,opt}$ betrieben, so lassen sich maximal $\bar{x}_{A,opt}*t_{max}$ Einheiten produzieren[26]. Sollen weniger Einheiten produziert werden, wird A ebenfalls im Stückkostenminimum betrieben, aber nicht voll zeitlich genutzt. Man spricht von zeitlicher Anpassung[27]. Soll mehr produziert werden, so muß die Intensität von A bei voller zeitlicher Auslastung gesteigert werden, d.h. die Anlage wird intensitätsmäßig angepaßt[28]. Und zwar solange, bis die Grenzkosten $K'_A$ das Niveau der minimalen Stückkosten von B erreichen oder die maximale Intensität von A erreicht ist[29]. Im Beispiel ist ersteres der Fall. Soll weiterhin mehr produziert werden, wird Anlage B bei kostenminimaler Intensität zusätzlich zeitlich angepaßt. Ist auch hier $t_{max}$ erreicht und es soll immer noch mehr produziert werden, so müssen beide Anlagen intensitätsmäßig im Grenzkostengleichschritt angepaßt werden. D.h. die Intensitäten beider Anlagen werden so erhöht, daß ihre Grenzkosten einander gleich sind[30], da andernfalls nicht kostenminimal produziert würde. Ist die maximale Intensität einer Anlage erreicht, so wird nur noch die andere intensitätsmäßig angepaßt bis auch deren Kapazitätsgrenze erreicht ist und das Unternehmen seine maximale Ausbringungsmenge $\bar{x}_{A,max}*t_{max} + \bar{x}_{B,max}*t_{max}$ produziert[31].

Für jeden Schritt läßt sich rechnerisch das Grenzkostenniveau ermitteln, woraus sich die aggregierte Grenzkostenkurve für das Unternehmen ergibt[32] (Bsp. Abb.10).

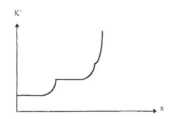

*Abb.10: Die aggregierte Grenzkostenkurve*

---

[26] vgl. Hilke, W. (1988), S.11, Jacob, H. (1962), S.219
[27] vgl. Hilke, W. (1988), S.7, Jacob, H. (1962), S.209
[28] vgl. Hilke, W. (1988), S.5
[29] vgl. ebenda, S.11
[30] vgl. ebenda, S.13, Jacob, H. (1962), S.221
[31] vgl. Hilke, W. (1988), S.14
[32] vgl. ebenda, S.12

Für eine gegebene Preis-Absatz-Funktion wird nun die Grenzerlösfunktion ermittelt. Die Bedingung Grenzerlös=Grenzkosten[33] liefert den gewinnmaximalen Punkt an der Stelle, an der sich Grenzerlöskurve und aggregierte Grenzkostenkurve schneiden.

## 2.5 Portfolio-Selection

Dieses Modell beschäftigt sich mit der Kapitalanlage und dient der Ermittlung von effizienten Kombinationen verschiedener Anlagemöglichkeiten.

Eine effiziente Kombination liegt vor, wenn es keine anderen Kombinationen gibt, die

1) bei gleicher Rendite ein geringeres Risiko aufweisen.
2) bei gleichem Risiko eine höhere Rendite aufweisen[34].

Es wird zunächst von zwei Anlagen, z.B. Wertpapieren, ausgegangen, die risikobehaftet sind, d.h. die Renditen der Anlagen sind nicht im voraus bekannt. Was aber bekannt ist, sind die möglichen Renditen für verschiedene Umweltsituationen und deren Eintrittswahrscheinlichkeiten. Ein Beispiel hierfür zeigt Tab.1[35]. Alle Marktteilnehmer gehen von dieser Situation aus.

| Marktsituation | Eintrittswahrscheinlichkeit | Rendite Anlage 1 | Rendite Anlage 2 |
|---|---|---|---|
| Boom | 1/4 | 20 % | -5 % |
| normal | 1/2 | 10 % | 8 % |
| Rezession | 1/4 | 2 % | 22 % |

*Tab.1: Mögliche Renditen zweier Anlagen*

---

[33] vgl. ebenda, S.20 f.
[34] vgl. Elton, E. und Gruber, M. (1995), S.82
[35] vgl. ebenda, S.48 f.

Aus diesen Daten lassen sich die Erwartungswerte $E(Re_1)$, $E(Re_2)$ der Renditen für beide Anlagen sowie die Standardabweichungen $\sigma_1$, $\sigma_2$ berechnen[36]. Die Standardabweichung dient hierbei als Risikomaß für eine Anlage. Weiterhin kann man die Kovarianz $\sigma_{12}$ und den Korrelationskoeffizienten $\rho$ als Maß für den Zusammenhang der beiden Renditenverläufe verwenden[37].

Der Anleger bildet nun ein Portefeuille mit $q_1$ Anteilen von Anlage 1 und $q_2$ Anteilen von Anlage 2, wobei $q_1+q_2=1$. Dann gilt für die Standardabweichung des Portefeuilles[38]:

$$\sigma_P=(q_1^2\sigma_1^2+q_2^2\sigma_2^2+2q_1q_2\sigma_{12})^{1/2}$$

sowie für den Erwartungswert der Rendite des Portefeuilles[39]:

$$E(Re_P)=q_1E(Re_1)+q_2E(Re_2)$$

Abb.11 zeigt die graphische Darstellung der möglichen Kombinationen im $E(Re_P)$- $\sigma_P$-Diagramm für drei Fälle[40]. Im Fall A korrelieren die Anlagen vollständig negativ miteinander ($\rho= -1$), im Fall C vollkommen positiv ($\rho= 1$). Im Fall B liegt der Korrelationskoeffizient dazwischen. Im Punkt $(E(Re_1)$, $\sigma_1)$ wird nur in Anlage 1 investiert, entsprechend im Punkt $(E(Re_2)$, $\sigma_2)$ nur in Anlage 2.

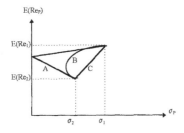

*Abb.11: Der Rendite-Risiko-Raum*

[36] vgl. ebenda, S.47 ff.
[37] vgl. ebenda, S.56
[38] vgl. ebenda, S.56
[39] vgl. ebenda, S.55
[40] vgl. ebenda, S.76

14

Betrachtet man den Fall B (herausgestellt in Abb.12), so sieht man, daß eine Investition nur in Anlage 2 ineffizient wäre, da es einen Punkt *(E(Re₂), σ₂)* gibt für den beim gleichen Risiko eine höhere Rendite erwartet wird. Daraus folgt, nur auf dem konkaven Teil (hervorgehoben in Abb.12) der Kurve effiziente Kombinationen liegen[41]. Dieser Teil wird Efficient Frontier genannt.

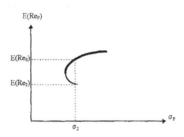

*Abb.12: Die Efficient Frontier*

Die bisherige Darstellung beschränkte sich auf zwei risikobehaftete Anlagen. Existiert zusätzlich ein risikoloser Zins $Re_F$, zu dem Kapital geliehen und verliehen werden kann, so kann dieser einerseits als risikolose Anlage betrach werden und mit den beiden anderen Anlagen im Portefeuille gemischt werden Andererseits kann zu $Re_F$ Kapital aufgenommen und in die beiden Anlagen investiert werden.

Es zeigt sich, daß es nur ein *q1,q2*-Verhältnis gibt, für das es effizient ist, die Anlagen 1 und 2 mit der risikolosen Anlage zu mischen[42]. Dieses findet sich i Tangentialpunkt *M* der alten Efficient Frontier mit der Geraden durch $Re_F$, w nun ihrerseits die Efficient Frontier bildet (siehe Abb.13). Die Gewichtungen Anlage 1 und 2 im Punkt *M* determinieren das sogenannte Marktportefeuille

[41] vgl. ebenda, S.82 ff., Auckenthaler, C. (1991), S.144
[42] vgl. Elton, E. und Gruber, M. (1995), S.88 ff.
[43] vgl. Auckenthaler, C. (1991), S.149 ff.

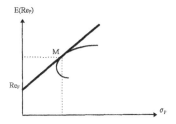

*Abb. 13: Die Efficient Frontier mit risikolosem Zins*

In den Punkten auf der Geraden links von *M* wird das Marktportefeuille mit der risikolosen Anlage gemischt, in den Punkten rechts von *M* wird zusätzlich Kapital zum Zins $Re_F$ aufgenommen und in das Marktportefeuille investiert.

## 2.6 Der zentrale Grenzwertsatz

Der zentrale Grenzwertsatz ist ein Theorem über die Verteilung von Stichprobenmittelwerten aus Zufallsstichproben. Er hat eine elementare Bedeutung in der Schätztheorie.

Werden aus einer Grundgesamtheit Zufallsstichproben vom Umfang *n* genommen, so sind die Stichprobenmittelwerte *MW* für große *n* annähernd normalverteilt mit Mittelwert $E(MW)=\mu$ und Standardabweichung $\sigma_{MW}$. Damit sind die standardisierten Stichprobenmittelwerte $Z=(MW-\mu)/\sigma_{MW}$ annähernd standardnormalverteilt[44].

Dieser Satz gilt immer, gleichgültig, welcher Verteilung die Grundgesamtheit folgt, solange diese eine endliche Varianz hat und die Stichproben stochastisch unabhängig sind.

---

[44] vgl. Hauser, S. (1981), S.65

## 3. Dokumentation mit Beispielen

### 3.1 Allgemeines

Die Programme sind so aufgebaut, daß zuerst die Eingabe von Ausgangsdaten fü die weitere Berechnung erfolgen sollte[45]. Auf eine Überprüfung der eingegebene Werte hinsichtlich der Gültigkeit innerhalb des jeweiligen Modells wurde verzichtet. Eine Eingabe von nicht sinnvollen Daten führt daher zu unsinnigen Ergebnissen oder Fehlermeldungen. Falls der Anwender keine entsprechenden Werte zur Hand hat, können deshalb von den Programmen voreingestellte Beispieldaten übernommen werden.

Die folgenden Anwendungshinweise sind für jedes Programm nach den Hauptmenupunkten gegliedert. Dabei werden die Punkte der Dateneingabe und der Auswahl der voreingestellten Daten nicht mehr gesondert erwähnt, außer wenn ein Programm hier Besonderheiten aufweist.

### 3.2 Die Unit

In der Unit DIPL_ARB sind Prozeduren und Funktionen zusammengefaßt, die v mehreren oder allen der sechs Programme benutzt werden. Hauptsächlich sind dies Routinen, die für die graphische Darstellung verwendet werden. Die Definition von Koordinatensystemen und die Umrechnung von tatsächlichen Koordinaten in Bildschirmkoordinaten bilden die Kernstücke der Unit.

---

[45] Ausnahme: das Programm zum zentralen Grenzwertsatz

## 3.3 Die optimale Konsumentscheidung

Bei diesem Programm wird von Nutzenfunktionen der Cobb-Douglas Form ausgegangen.

*Graphik: Zwei-Güter-Diagramm*

Nach Aufruf dieses Hauptmenupunktes erscheint das Zwei-Güter-Diagramm mit eingezeichneter Budgetgerade und Achsenabschnitten.

Durch Anwahl von Punkt 1 wird die optimale Konsumentscheidung im Diagramm markiert sowie die entsprechende Indifferenzkurve, die die Budgetgerade tangiert, eingezeichnet[46] (siehe Abb.14).

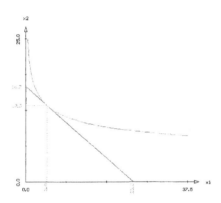

*Abb.14: Die optimale Konsumentscheidung*

Indifferenzkurven für andere Nutzenniveaus werden bei Wahl von Punkt 2 dargestellt, was den Charakter der Nutzenfunktion anschaulicher macht.

Um den Effekt von Änderungen der Güterpreise oder des Einkommens deutlich zu machen, können diese Daten unter Punkt 3 modifiziert werden. Dabei ist es im Fall einer Preisänderung möglich, Substitutions- und Einkommenseffekt getrennt darstellen zu lassen.

---

[46] Das optimale Güterbündel wird in der Procedure „Berechnung" ermittelt. Vgl. dazu Varian, H. (1995), S. 89

18

Soll aus Übersichtlichkeitsgründen nur die Budgetgerade für die aktuell eingestellten Werte dargestellt werden, so kann dies durch Anwahl von Punkt 4 geschehen, wodurch alle übrigen Eintragungen im Diagramm gelöscht werden.

*Graphik: Nutzengebirge*

Die Wiedergabe von Indifferenzkurven im Zwei-Güter-Diagramm hat den Nachteil, daß die Unterschiede zwischen den Nutzenniveaus, für die die Kurven stehen, nicht direkt zum Ausdruck kommen. Unter diesem Menupunkt wird deshalb zur weiteren Veranschaulichung die Nutzendimension hinzugefügt. Es werden für aufsteigendes Nutzenniveau in konstantem Abstand Indifferenzkurven im Gut1,Gut2,Nutzen-Diagramm eingezeichnet. Es entsteht das sogenannte Nutzengebirge (Abb.15), das die eingestellte Nutzenfunktion am anschaulichsten darstellt.

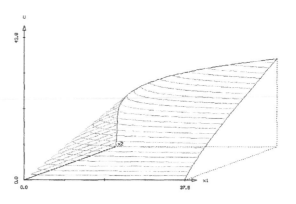

*Abb.15: Das Nutzengebirge*

Hierbei kann ebenfalls die optimale Konsumentscheidung eingetragen werden (Punkt 1). Die Budgetbeschränkung hat im dreidimensionalen Raum die Form einer Ebene, deren Schnitt durch das Nutzengebirge hier dargestellt wird.

Durch Punkt 2 läßt sich die Betrachterperspektive ändern. Kleine Werte haben eine mehr seitliche Ansicht zur Folge, große Werte bewirken eine Ansicht von oberhalb.

19

Die Anzahl der dargestellten Indifferenzkurven kann unter Punkt 3 verändert werden.

### 3.4 Cournot-Duopol und Mengenführerschaft im Stackelberg-Duopol

*Ergebnisse*

Sowohl für den Cournot-Fall als auch für beide Möglichkeiten der Mengenführerschaft können die Ergebnisse, die nicht aus der graphischen Darstellung hervorgehen, im Textmodus angezeigt werden. Tab.2 zeigt die Bildschirmausgabe für das Cournot-Gleichgewicht.

```
+---------------+
| UNTERNEHMEN 1 |
+-----------------------------------------------------------------------+
| Gewinnfunktion    :  -0.50x1²+95.00x1-0.50x1x2                        |
| Reaktionsfunktion :  -0.50x2 +95.00                                   |
| Output            :  80.00                                            |
| Erlös             :  3600.00                                          |
| Kosten            :  400.00                                           |
| Gewinn            :  3200.00                                          |
+-----------------------------------------------------------------------+

+---------------+
| UNTERNEHMEN 2 |
+-----------------------------------------------------------------------+
| Gewinnfunktion    :  -1.00x2²+100.00x2-0.50x1x2                       |
| Reaktionsfunktion :  -0.25x1 +50.00                                   |
| Output            :  30.00                                            |
| Erlös             :  1350.00                                          |
| Kosten            :  450.00                                           |
| Gewinn            :  900.00                                           |
+-----------------------------------------------------------------------+
Gesamtoutput : 110.00              Marktpreis   : 45.00
```

*Tab.2: Ergebnisse für das Cournot-Gleichgewicht*

Zusätzlich können die Werte für Gesamtoutput und Marktpreis für alle Gleichgewichtssituationen gegenübergestellt werden. Dabei sind die beiden Lösungen unter der Annahme, daß Unternehmen 1 bzw. Unternehmen 2 Monopolist ist[47], zum Vergleich hinzugefügt.

---

[47] der gewinnmaximale Monopol-Output für ein Unternehmen läßt sich hier leicht ermitteln, indem man den Wert der Reaktionsfunktion unter der Annahme, daß das andere Unternehmen nichts produziert, berechnet (vgl. Procedure „VBerechnung").

### Graphik: Reaktionsfunktionen

Hier sind die Reaktionsfunktionen der beiden Unternehmen im Diagramm der Outputmengen wiedergegeben.

Menupunkt 1 trägt die Gleichgewichtswerte für den Cournot-Fall ein (siehe Abb.16).

Unter Punkt 2 wird der Prozeß der Anpassung zum Cournot-Gleichgewicht über mehrere Perioden hinweg dargestellt. Zunächst muß ein Ausgangswert für das Outputniveau von Unternehmen 1 eingegeben werden. Dann werden Schritt für Schritt die Outputniveaus, die aus dem Output des jeweils anderen Unternehmen resultieren, eingezeichnet.

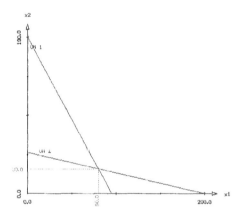

*Abb.16: Reaktionsfunktionen und Cournot-Gleichgewicht*

Punkt 3 ermöglicht es, die beiden Gleichgewichtslösungen im Fall der Mengenführerschaft darzustellen.

Die Achsenlängen des Diagramms können unter Punkt 4 eingestellt werden.

## 3.5 Das IS-LM-Modell

*Graphik*

Hier wird das IS-LM-Diagramm zusammen mit Gütermarkt- und Geldmarkt-Diagramm gezeigt. Die gleichgewichtige Situation ist dargestellt.

Menupunkt 1 trägt die Gleichgewichtswerte[48] für Zins und Volkseinkommen im IS-LM-Diagramm ein (siehe Abb. 17).

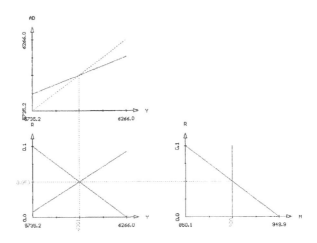

*Abb. 17: Das IS-LM-Gleichgewicht mit Gütermarkt und Geldmarkt*

Unter Punkt 2 lassen sich die Werte für Geldangebot, Staatsausgaben und Preisniveau sowie die Parameter der Verhaltensgleichungen modifizieren. Die sich daraus ergebenden Veränderungen für das neue Gleichgewicht werden in den Diagrammen farblich abgesetzt, so daß eine Gegenüberstellung zur alten Situation möglich ist. Erneute Anwahl von Punkt 1 zeigt die neuen Gleichgewichtswerte.

Wurde unter Punkt 2 ein Wert eingegeben, der dazu führt, daß das Gleichgewicht außerhalb der Koordinatenwerte des Diagramms liegt, dann kann Punkt 3 gewählt

---

[48] Die Funktionsgleichungen von IS- und LM-Kurve sowie die Gleichgewichtswerte werden in der Procedure „Berechnung" ermittelt. Vgl. dazu Hall, R. und Taylor, J. (1991), S. 165 f.

werden. Die Dimensionierung der Diagramme wird dann so angepaßt, daß das IS LM-Gleichgewicht mittig im Diagramm liegt.

### 3.6 Optimale Produktionsplanung und Gewinnmaximierung bei kombinierter Anpassung

*Eingabe*

Da dieses Programm für die Produktionsplanung für kostenverschiedene Aggregate konzipiert ist, sollten nicht zwei oder mehr identische Stückkostenfunktionen eingegeben werden. Außerdem ist zu beachten, daß die maximale Intensität eines Aggregats über seiner kostenminimalen Intensität liegen muß.

Der Anwender kann bei der Dateneingabe auswählen, ob von einem konstanten Marktpreis oder einer Preis-Absatz-Funktion für das Produkt ausgegangen werd soll.

*voreingestellte Beispielwerte übernehmen*

Hierbei hat der Benutzer die Möglichkeit, die Anzahl der Aggregate für das Beispiel zu bestimmen.

*Ergebnisse*

Hier werden unter Punkt 1 die gewinnoptimale Einsatzweise für jedes Aggregat und die sich daraus ergebenden Daten für das Unternehmen aufgeführt.

Sollen die einzelnen Aggregate detailliert betrachtet werden (Beispiel siehe Tab.3), so kann dies unter Punkt 2 geschehen.

Drittens kann der kostenminimale Einsatz der Anlagen in Abhängigkeit vom Outputniveau ermittelt werden. Dabei kann entweder ein Wert vom Benutzer vorgegeben werden oder aber es wird für alle möglichen Ausbringungsmengen Reihenfolge des zeitlichen und intensitätsmäßigen Einsatzes der Maschinen dargestellt.

23

```
+--------------+
! AGGREGAT  2  !
+------------------------------------------------------------------+
! Stückkostenminimum bei:                              18.00 DM    !
! entsprechende Intensität:                             4.00 ME/ZE !
!------------------------------------------------------------------!
!                    Bei maximalem Gewinn:                         !
+------------------------------------------------------------------!
! Intensität:                                           5.74 ME/ZE !
! dabei produziert dieses Aggregat:                    22.96 ME    !
! bei durchschnittlichen variablen Stückkosten von:    24.05 DM    !
! Stückgewinn:                                         75.44 DM    !
! Gesamterlös für dieses Aggregat:                   2283.87 DM    !
! Gesamtkosten für dieses Aggregat:                   552.09 DM    !
! Gesamtgewinn für dieses Aggregat:                  1731.79 DM    !
+------------------------------------------------------------------+
```

*Tab.3: Aggregat einzeln betrachtet*

## Graphik: Stückkostenkurven

Hier werden zunächst die Stückkostenfunktionen gezeigt. Jede Kurve ist mit der Nummer des zugehörigen Aggregats markiert (vgl. Abb.18).

Unter Menupunkt 1 werden die Minima eingetragen.

Punkt 2 zeichnet zu jeder Stückkostenkurve die entsprechende Grenzkostenkurve, und zwar erst ab dem stückkostenminimalen Punkt (vgl. Abb.18), da nur diese Teile der Grenzkostenkurven für die Herleitung der kostenminimalen Produktionsaufteilung relevant sind.

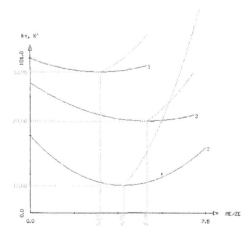

*Abb.18: Stück- und Grenzkostenkurven*

Weiterhin können jetzt die relevanten Punkte auf den Grenzkostenkurven getren für Abszisse und Ordinate eingetragen werden. Dies sind Punkte, die eine der folgenden Bedingungen erfüllen:

- Die Grenzkosten einer Anlage erreichen das Niveau der minimalen Stückkost einer anderen Anlage.

- Die Grenzkosten einer Anlage erreichen das maximale Grenzkostenniveau eir anderen Anlage.

- Die Grenzkosten einer Anlage erreichen ihr eigenes Maximum.

Unter Punkt 3 kann die Dimensionierung des Diagramms sowie die Längen der Achsen eingestellt werden.

Punkt 4 löscht bis auf die Stückkostenkurven alle Eintragungen.

*Graphik: aggregierte Grenzkostenkurve*

Bei Anwahl dieses Hauptmenupunktes erscheint das Grenzkosten-Ausbringung Diagramm mit eingezeichneter aggregierter Grenzkostenkurve.

Die Menupunkte 1 und 2 markieren an Abszisse bzw. Ordinate die Punkte an denen ein Übergang von zeitlicher zu intensitätsmäßiger (und umgekehrt) Anpassung erfolgt sowie die Punkte, an denen die Anlagen ihr Grenzkostenmaximum erreichen.

Ist eine Preis-Absatz-Funktion eingegeben worden, so öffnet sich bei Anwahl Punkt 3 ein Untermenu. Hier kann zum einen die Grenzerlöskurve einschließl ihres Schnittpunktes mit der aggregierten Grenzkostenkurve gezeigt werden, wodurch die gewinnmaximale Ausbringungsmenge ermittelt ist (siehe Abb.19 Zum anderen läßt sich die Preis-Absatz-Funktion selbst einzeichnen, wobei zusätzlich der gewinnmaximale Preis markiert wird. Ist dagegen ein fester Marktpreis eingestellt, so wird direkt die Grenzerlöskurve (die in diesem Fall parallel zur Abszisse verläuft) und ihr Schnittpunkt mit der aggregierten Grenzkostenkurve eingezeichnet.

Punkt 4 läßt wieder die Einstellung der Achsen zu.

Punkt 5 führt zur Löschung der Eintragungen.

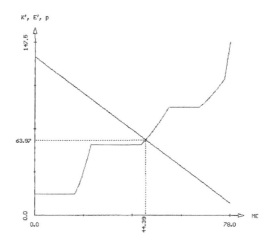

*Abb.19: aggregierte Grenzkostenkurve, Grenzerlöskurve und Gewinnmaximum*

## 3.7 Portfolio-Selection

### *Eingabe*

Bei der Dateneingabe können Erwartungswert der Rendite und Standardabweichung für beide Anlagen sowie der Korrelationskoeffizient direkt eingegeben werden. Alternativ können für beliebig viele Umweltsituationen deren Eintrittswahrscheinlichkeiten und die entsprechenden Renditen eingegeben werden (vgl. Tab.1). Die o.g. Daten werden dann aus diesen Angaben berechnet und ausgegeben.

### *Graphik*

Zunächst erscheint das Rendite-Risiko-Diagramm mit den eingezeichneten möglichen Kombinationen der zwei Anlagen. Die Efficient Frontier hebt sich in weißer Farbe ab.

Die Menupunkte 1 und 2 kennzeichnen die Punkte für die Fälle, in denen das Portefeuille nur aus einer der beiden Anlagen besteht.

Punkt 3 stellt die Efficient Frontier unter der Annahme dar, daß eine risikolose
Anlage existiert. Dazu werden erwartete Rendite und Risiko des
Marktportefeuilles eingetragen und das entsprechende Mischungsverhältnis
angegeben[45] (siehe Abb.20).

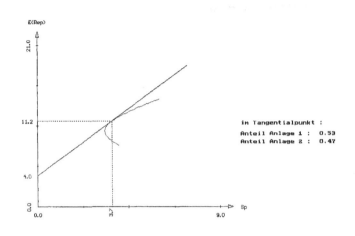

*Abb.20: Die Efficient Frontier bei risikolosem Zins*

Unter Punkt 4 hat der Anwender die Möglichkeit, einen Wert für die Rendite
vorzugeben. Das Programm gibt die Gewichtung der Anlagen für das Portefeuil
aus[46], das diese erwartete Rendite hat und kennzeichnet den entsprechenden
Punkt im Diagramm, so daß die zugehörige Standardabweichung (Risiko)
abzulesen ist. Dies kann für die Fälle mit und ohne risikolosen Zins geschehen.

Punkt 5 schließlich löscht die vorgenommenen Eintragungen und kehrt zur
Ausgangsgraphik zurück.

---

[45] Die Berechnung dieser Werte erfolgt in der Procedure „Berechnung". Vgl. dazu Auckenthale
(1991), S.151 f.
[46] ist der Anteil der risikolosen Anlage negativ, so bedeutet dies, daß zusätzlich Kapital geliehen
werden muß.

## 3.8 Der zentrale Grenzwertsatz

Dieses Programm bietet die experimentelle Überprüfung des zentralen Grenzwertsatzes. Dabei werden aus einer gegebenen Verteilung Zufallsstichproben gezogen und die Verteilung der Stichprobenmittelwerte wird der entsprechenden[47] Normalverteilung gegenübergestellt.

Am Anfang des Programmes wird der Benutzer aufgefordert, eine Ausgangsverteilung auszuwählen. Um die Gültigkeit des zentralen Grenzwertsatzes unabhängig von der Form der zugrundeliegenden Verteilung zu demonstrieren, stehen mehrere diskrete Häufigkeitsverteilungen zur Wahl, jeweils dargestellt durch ein Stabdiagramm. Zwei sind vom Programm voreingestellt, dazu kommt eine per Zufall generierte Verteilung, die bei erneuter Anwahl jeweils neu berechnet wird. Den Grundgesamtheiten liegen 100 Merkmalsträger mit ganzzahligen Ausprägungen von 1 bis 20 zugrunde.

Ist die Wahl getroffen, so werden die Stichproben genommen und deren Mittelwerte berechnet. Werte für Anzahl und Umfang der Stichproben sind voreingestellt. Die resultierende Verteilung der Stichprobenmittelwerte wird durch ein Histogramm klassiert dargestellt. An der Ordinaten ist die relative Häufigkeit abgetragen. In dasselbe Diagramm wird die entsprechende Normalverteilung eingezeichnet (siehe Abb.21 ). So kann die Anpassung der tatsächlichen Verteilung der Mittelwerte an die Normalverteilung optisch überprüft werden.

Durch Drücken der Leertaste erfolgt eine erneute Berechnung und Darstellung.

Menupunkt 1 läßt nun die Modifikation der Werte für Stichprobenumfang, Stichprobenanzahl und Klassenbreite[48] zu.

Punkt 2 führt zur Rückkehr zur Auswahl der Ausgangsverteilung.

Mittels Punkt 3 wechselt man die Darstellung zur Standardnormalverteilung. Die Abszissenwerte der Stichprobenmittelwertverteilung werden per Z-Transformation standardisiert und die Standardnormalverteilung wird eingezeichnet (siehe Abb.22).

---

[47] d.h. die Normalverteilung mit demselben Mittelwert und derselben Standardabweichung
[48] genau gesagt wird hier die Anzahl der Klassen bezogen auf die Abszisse eingestellt. Höhere Werte ergeben daher geringere Klassenbreiten.

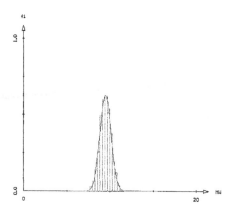

*Abb.21: Die Verteilung der Stichprobenmittelwerte mit entsprechender Normalverteilung*

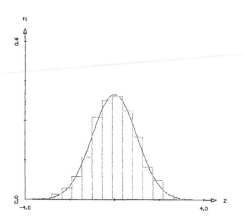

*Abb.22: Die transformierte Verteilung der Stichprobenmittelwerte und die*
*Standardnormalverteilung*

## 4. Zusammenfassung

Die vorliegenden Programme seien hier noch einmal mit ihren besonderen Merkmalen zusammengefaßt.

Im Programm „optimale Konsumentscheidung" tritt die Nutzung der Möglichkeiten graphischer Veranschaulichung hervor.

Das Programm zur Oligopol-Theorie zeigt unter anderem, wie ein dynamischer Prozeß, wie hier die Anpassung an ein Gleichgewicht über mehrere Perioden hinweg, am Computer dargestellt werden kann.

Neben der Ermittlung der Gleichgewichtswerte können bei der Umsetzung des IS-LM-Modells mittels komparativer Statik die Auswirkungen von Änderungen der zugrundeliegenden Größen, z.B. eine Erhöhung der Staatsausgaben, untersucht werden.

Die im vierten Programm vorgenommene Umsetzung allgemeiner Entscheidungsregeln für eine optimale Produktionsplanung bei kombinierter Anpassung erlaubt es, die kostenminimale Einsatzweise von (theoretisch) beliebig vielen kostenverschiedenen Aggregaten zu ermitteln.

Das Programm „Portfolio-Selection" untersucht die Mischung von Anlagen in einem Portefeuille und stellt die effizienten Kombinationen dar.

Das Programm zum zentralen Grenzwertsatz hebt sich zum einen von den anderen Programmen dadurch ab, daß hier ein Theorem aus einer Hilfsdisziplin behandelt wird. Zum anderen zeigt es die Möglichkeit, mit dem Computer große Datenmengen zu verarbeiten.

Anhand der sechs vorliegenden Beispiele wurde in dieser Arbeit die Zweckmäßigkeit des Einsatzes von Computern als Hilfsmittel zur Lösung und Darstellung wirtschaftswissenschaftlicher Probleme gezeigt.

# Anhang: Quellcode der Programme

## 1. Die Unit

```
UNIT Dipl_Arb;

INTERFACE

USES Crt,Graph;

VAR Wxmin,Wxmax,Wymin,Wymax:REAL;
    xmin,xmax,ymin,ymax:INTEGER;

PROCEDURE Taste;
PROCEDURE Initg;
PROCEDURE Welt (x0,y0,x1,y1:real);
PROCEDURE Fenster (x0,y0,x1,y1:integer);
FUNCTION xtrans(x:real):integer;
FUNCTION ytrans(y:real):integer;
PROCEDURE Wline (x1,y1,x2,y2:real);
PROCEDURE Wmoveto (x1,y1:real);
PROCEDURE Kkreuz(xbezeich,ybezeich:STRING;stellenx,stelleny:integer);
PROCEDURE Funktionsleiste;
PROCEDURE Graphreadln(x,y,stellen:integer;VAR Ausgabe:real);
PROCEDURE xbeschr(xwert:real;farbe,stellen:integer);
PROCEDURE ybeschr(ywert:real;farbe,stellen:integer);
PROCEDURE AchsaendernMax(VAR xachs,yachs:real);
PROCEDURE Achsenwahl;
PROCEDURE Achsenlaenge(VAR xwert,ywert:integer);
PROCEDURE Markier(x,y:real;farbe,xstellen,ystellen:integer);


IMPLEMENTATION


PROCEDURE Taste;
VAR ch:char;
BEGIN
 writeln ('<weiter mit Taste>');
 ch:=readkey;
 gotoxy(wherex,wherey-1);
 clreol;
END;



PROCEDURE Initg;
VAR Grtreiber,graphmode,fehler:integer;
    Pfad : string;
BEGIN
 Pfad:='bgi';
 repeat
    Grtreiber:=Detect;
    Initgraph(Grtreiber,Graphmode,Pfad);
    fehler:=Graphresult;
    if fehler<>GrOK then
      if fehler=grFileNotFound
        then
          begin
             Writeln('Pfad zum BGI treiber:');
             Readln(Pfad);
             Writeln;
          end
        else
            Halt;
 until fehler=GrOK;
END;


{ Dimensionierung des Koordinatensystems }
PROCEDURE Welt;
BEGIN
 Wxmin:=x0;
 Wymin:=y0;
 Wxmax:=x1;
 Wymax:=y1;
END;


{ Definition des Bildschirmausschnittes für das Koordinatensystem }
PROCEDURE Fenster;
```

31

```
BEGIN
  xmin:=x0;
  ymin:=y0;
  xmax:=x1;
  ymax:=y1;
END;


{ Umrechnung einer x-Koordinate in eine Bildschirmkoordinate }
FUNCTION xtrans;
BEGIN
  xtrans:=xmin+round(((x-wxmin)/(wxmax-wxmin))*(xmax-xmin));
END;


{ ... ebenso für y-Koordinate }
FUNCTION ytrans;
BEGIN
  ytrans:=ymax-round(((y-wymin)/(wymax-wymin))*(ymax-ymin));
END;


{ Linie im definierten Koordinatensystem zeichnen }
PROCEDURE Wline;
BEGIN
  setviewport(0,0,xmax,ymax,true);
  line(xtrans(x1),ytrans(y1),xtrans(x2),ytrans(y2));
  setviewport(0,0,639,479,false);
END;


PROCEDURE Wmoveto;
BEGIN
  moveto(xtrans(x1),ytrans(y1));
END;


{ Koordinatenkreuz zeichnen }
PROCEDURE Kkreuz;
VAR Wxdiff,Wydiff:real;
    kbeschr:string;
BEGIN
  setcolor(14);
  setlinestyle (0,0,1);
  Wline (Wxmin,Wymin,Wxmax,Wymin);
  Wline (Wxmin,Wymin,Wxmin,Wymax);            { Achsen zeichnen }

  Wxdiff:=(Wxmax-Wxmin);
  Wydiff:=(Wymax-Wymin);

  Wmoveto (Wxmax,Wymin);                   { Achsenmarkierungen zeichnen }
  lineto (getx,gety-2);                    { (Halb- und Viertelstriche)  }
  lineto (getx,gety+4);

  Wmoveto (Wxmin+(Wxdiff/2), Wymin);
  lineto (getx,gety-2);
  lineto (getx,gety+4);

  Wmoveto (Wxmin+((Wxdiff/4)*3), Wymin);
  lineto (getx,gety-1);
  lineto (getx,gety+2);

  Wmoveto (Wxmin+(Wxdiff/4), Wymin);
  lineto (getx,gety-1);
  lineto (getx,gety+2);

  Wmoveto (Wxmin, Wymax);
  lineto (getx-2,gety);
  lineto (getx+4,gety);

  Wmoveto (Wxmin, Wymin+(Wydiff/2));
  lineto (getx-2,gety);
  lineto (getx+4,gety);

  Wmoveto (Wxmin, Wymin+((Wydiff/4)*3));
  lineto (getx-1,gety);
  lineto (getx+2,gety);

  Wmoveto (Wxmin, Wymin+(Wydiff/4));
  lineto (getx-1,gety);
  lineto (getx+2,gety);

  settextstyle(2,0,4);
  settextjustify(1,1);

  Wmoveto (Wxmax,Wymin);          { Maximalwert an der Abszisse eintragen }
  moveto (getx, gety+15);
  str(wxmax:0:stellenx,kbeschr);
  outtext(kbeschr);
```

```
Wmoveto (Wxmin,Wymin);          { ... und Minimalwert }
moveto (getx, gety+15);
str(wxmin:0:stellenx,kbeschr);
outtext(kbeschr);

settextstyle(2,1,4);            { ... ebenso Ordinate }

Wmoveto (Wxmin,Wymin);
 moveto (getx-20, gety);
str(wymin:0:stelleny,kbeschr);
outtext(kbeschr);

Wmoveto (Wxmin,Wymax);
moveto (getx-20, gety);
str(wymax:0:stelleny,kbeschr);
outtext(kbeschr);

Wmoveto (Wxmax,Wymin);          { Pfeil am Ende der Abszisse zeichnen }
lineto (getx+15,gety);
lineto (getx,gety-3);
lineto (getx+10,gety+3);
lineto (getx-10,gety+3);
lineto (getx,gety-3);

settextstyle(2,0,4);            { Bezeichnung für Abszisse eintragen }
settextjustify(0,1);
moveto (getx+25,gety);
outtext (xbezeich);

Wmoveto (Wxmin,Wymax);          { ... ebenso für Ordinate }
lineto (getx,gety-15);
lineto (getx-3,gety);
lineto (getx+3,gety-10);
lineto (getx+3,gety+10);
lineto (getx-3,gety);

settextjustify(1,0);
moveto (getx,gety-25);
outtext (ybezeich);
END;


{ grauen Balken unten am Bildschirmrand zeichnen }
PROCEDURE Funktionsleiste;
BEGIN
 setviewport(0,440,639,479,true);
 clearviewport;
 setviewport(0,0,639,479,true);
 setlinestyle(0,0,1);
 setcolor(8);
 rectangle(0,440,639,479);
 setfillstyle(1,8);
 floodfill(10,450,8);

 settextjustify(0,1);    { Einstellungen für Textausgabe }
 settextstyle(0,0,1);
 setcolor(7);
END;


{ Eingabe von Zahlen im Graphik-Modus }
PROCEDURE Graphreadln;
VAR ch:char;
    nummer:array[0..20] of char;
    weiter,i,fehler:integer;
    punkt:boolean;
    zahlstr:string;
    zahl:real;
    ziffern:SET OF CHAR;
BEGIN
 Ausgabe:=0;
 ziffern:=['0'..'9'];
 setcolor(7);
 settextjustify(0,1);
 settextstyle(0,0,1);
 weiter:=0;
 punkt:=false;
 zahlstr:='';
 repeat
     ch:=readkey;
     if (ch in ziffern) AND (weiter<stellen)
        then
            begin
                outtextxy (x+(weiter*8),y,ch);
                nummer[weiter]:=ch;
                inc(weiter);
            end;
        if (ch='.') AND (not punkt) AND (weiter<stellen)
```

```
            then
              begin
                outtextxy (x+(weiter*8),y,ch);
                nummer[weiter]:=ch;
                inc(weiter);
                punkt:=true;
              end;
          if (ch=#8) AND (weiter>0)
            then
              begin
                setcolor(8);
                dec(weiter);
                outtextxy (x+(weiter*8),y,nummer[weiter]);
                if nummer[weiter]='.' then punkt:=false;
                setcolor(7);
              end;
      until (ch=#27) or (ch=#13);
      for i:=0 to weiter-1 do zahlstr:=zahlstr+nummer[i];
      val(zahlstr,Ausgabe,fehler);
    END;


{ Wert an Abszisse eintragen }
PROCEDURE xbeschr;
VAR xzahl:string;
    altfarbe:integer;
BEGIN
  altfarbe:=getcolor;
  setcolor(farbe);
  settextstyle(2,1,4);
  settextjustify(2,2);
  Wmoveto(xwert,WYmin);
  moveto(getx,gety+2);
  str(xwert:0:stellen,xzahl);
  outtext(xzahl);
  setcolor(altfarbe);
END;


{ ... ebenso Ordinate }
PROCEDURE ybeschr;
VAR yzahl:string;
    altfarbe:integer;
BEGIN
  altfarbe:=getcolor;
  setcolor(farbe);
  settextstyle(2,0,4);
  settextjustify(1,1);
  Wmoveto(Wxmin,ywert);
  moveto(getx-20,gety);
  str(ywert:0:stellen,yzahl);
  outtext(yzahl);
  setcolor(altfarbe);
END;


{ Achsenwerte ändern }
PROCEDURE AchsaendernMax;
VAR maxxwert,maxywert:real;
BEGIN
  Funktionsleiste;
  setcolor(7);
  settextjustify(0,1);
  settextstyle(0,0,1);
  Outtextxy(10,453,'maximaler Wert Abszisse :');
  Graphreadln(220,453,15,maxxwert);
  if maxxwert>0 then xachs:=maxxwert;
  Outtextxy(10,465,'maximaler Wert Ordinate :');
  Graphreadln(220,465,15,maxywert);
  if maxywert>0 then yachs:=maxywert;
  Welt(Wxmin,Wymin,xachs,yachs);
  clearviewport;
END;


PROCEDURE Achsenwahl;
BEGIN
  Funktionsleiste;
  settextjustify(0,1);
  settextstyle(0,0,1);
  setcolor(7);
  Outtextxy(10,453,'1 - Achsenwerte ändern');
  Outtextxy(10,468,'2 - Achsenlängen ändern');
  Outtextxy(200,453,'<ESC> - zurück');
END;
```

34

```
PROCEDURE Achsenlaenge;
VAR aktxmin,aktxmax,aktymin,aktymax,altxmax,altymin:integer;
    ch:char;
BEGIN
 cleardevice;
 Funktionsleiste;
 settextjustify(0,1);
 settextstyle(0,0,1);
 setcolor(7);
 Outtextxy(10,453,'Bitte mit Cursor-Tasten die gewünschten Achsenlängen einstellen');
 Outtextxy(10,468,'Ende mit <ESC>');
 setcolor(14);
 line(xmin,ymin,xmin,ymax);
 line(xmin,ymax,xmax,ymax);
 aktxmax:=xmax;
 aktymin:=ymin;
 repeat
   ch:=readkey;
   if ch<>#27 then
     if ch=#0 then
       begin
           ch:=readkey;
           if ch=#77 then
             begin
               altxmax:=aktxmax;
               aktxmax:=aktxmax+10;
               if aktxmax>620 then aktxmax:=620;
               line(altxmax,ymax,aktxmax,ymax);
             end;
           if ch=#75 then
             begin
               altxmax:=aktxmax;
               aktxmax:=aktxmax-10;
               if aktxmax<(xmin+100) then aktxmax:=xmin+100;
               setcolor(1);
               line(altxmax,ymax,aktxmax,ymax);
               setcolor(14);
             end;
           if ch=#72 then
             begin
               altymin:=aktymin;
               aktymin:=aktymin-10;
               if aktymin<20 then aktymin:=20;
               line (xmin,altymin,xmin,aktymin);
             end;
           if ch=#80 then
             begin
               altymin:=aktymin;
               aktymin:=aktymin+10;
               if aktymin>(ymax-100) then aktymin:=ymax-100;
               setcolor(1);
               line(xmin,altymin,xmin,aktymin);
               setcolor(14);
             end;
       end;
   until ch=#27;
   ywert:=aktymin;xwert:=aktxmax;
   Fenster(50,aktymin,aktxmax,400);
   clearviewport;
END;


{ Punkt im Koordinatensystem markieren, Werte werden an Achsen eingetragen }
PROCEDURE Markier;
BEGIN
 xbeschr(x,farbe,xstellen);
 ybeschr(y,farbe,ystellen);
 setcolor(farbe);
 setlinestyle(1,0,1);
 Wline(x,0,x,y);Wline(0,y,x,y);
END;


BEGIN
END.
```

# 2. Die optimale Konsumentscheidung

```
PROGRAM optimale_Konsumentscheidung;

USES Crt,Graph,Dipl_Arb;

VAR i,j,xAbweichung,yAbweichung,IkurvenAnzahl:integer;
    preis1,preis2,Einkommen,cd1,cd2,x1abschnitt,x2abschnitt,maxx,maxy,maxz,
    x1,x2,optNutzen,altnutzenUnten,altNutzenOben,altxOben,altyOben,
    altxUnten,altyUnten:real;
    ch:char;
    dreidim,BudgetEbene,eing:boolean;


PROCEDURE Eingbsp;
BEGIN
  preis1:=20;
  preis2:=30;
  Einkommen:=500;
  CD1:=0.3;CD2:=1-cd1;

  clrscr;writeln;
  writeln('Folgende Werte werden übernommen :');
  writeln;
  writeln('Preis Gut 1 : ',preis1:0:2);
  writeln('Preis Gut 2 : ',preis2:0:2);
  writeln('Einkommen   : ',Einkommen:0:2);
  writeln;
  writeln('Cobb-Douglas Nutzenfunktion : u(x1,x2) = x1^',cd1:0:1,'*x2^',cd2:0:1);
  writeln;
  taste;
END;


PROCEDURE Eingabe;
BEGIN
  clrscr;writeln;
  write('Preis Gut 1 : ');readln(preis1);
  write('Preis Gut 2 : ');readln(preis2);
  write('Einkommen   : ');readln(Einkommen);
  writeln('Cobb-Douglas Nutzenfunktion in Form  u(x1,x2) = x1^a * x2^b');
  writeln('(wobei b=1-a)');
  write('a : ');readln(cd1);
  cd2:=1-cd1;
END;


{ Linie im 3-dimensionalen Raum zeichnen }
PROCEDURE W3Dline(x11,x21,u1,x12,x22,u2:real);
VAR hilf1,hilf2,diff1,diff2,z1,z2:integer;
BEGIN
  Fenster(50,100,400,400);
  Welt(0,0,maxx,maxz);
  z1:=ytrans(u1);
  z2:=ytrans(u2);

  Fenster(50,400-yAbweichung,400,400);
  Welt(0,0,maxx,maxy);
  hilf1:=round((x21/maxy)*xAbweichung);
  hilf2:=round((x22/maxy)*xAbweichung);
  diff1:=400-z1;
  diff2:=400-z2;

  line(xtrans(x11)+hilf1,ytrans(x21)-diff1,xtrans(x12)+hilf2,ytrans(x22)-diff2);
END;


{ Cobb-Douglas-Nutzenfunktion }
FUNCTION CDnutz(x1,x2:real):real;
VAR hilf1,hilf2,hilf3:real;
BEGIN
  if (x1=0) OR (x2=0) then CDnutz:=0  { Floating-point Fehlermeldung vermeiden }
    else
        CDnutz:=exp((cd1*ln(x1))+(cd2*ln(x2)));
END;


{ x2 für gegebenes x1 und Nutzenniveau errechnen }
FUNCTION CDx2(u,x1:real):real;
BEGIN
```

```
if x1=0 then cdx2:=maxy      { Floating-point Fehlermeldung vermeiden }
   else
      cdx2:=exp((ln(u)-(cd1*ln(x1)))/cd2);
END;


PROCEDURE EbeneSchnittpunkt(x:real;VAR y:real);
BEGIN
 y:=(einkommen-(x*preis1))/preis2;
END;

{ für gegebenes Nutzenniveau eine Indifferenzkurve zeichnen
  (sowohl in 2D- als auch in 3D-Darstellung) }
PROCEDURE Indiff(nutzenniveau:real);
VAR hilfx1,hilfx2,hilfy1,hilfy2:real;
BEGIN
setcolor(9);
setlinestyle(0,0,1);
for i:=0 to 99 do
 begin
    hilfx1:=(i/100)*Maxx;
    hilfx2:=((i+1)/100)*Maxx;
    hilfy1:=CDx2(nutzenniveau,hilfx1);
    hilfy2:=CDx2(nutzenniveau,hilfx2);
    if (hilfy1<Maxy) OR (hilfy2<Maxy) then
       begin
        if hilfy1>Maxy then hilfy1:=Maxy;

        if BudgetEbene then   { Schnitt der Budgetebene durch das }
            begin             { Nutzengebirge mit einzeichnen     }
             if ((hilfx1*preis1)+(hilfy1*preis2)>einkommen)
                AND ((hilfx2*preis1)+(hilfy2*preis2)<einkommen)
                 then begin
                       EbeneSchnittpunkt(hilfx2,hilfy2);
                       setcolor(15);
                       W3dline(altxOben,altyOben,altNutzenOben,hilfx2,hilfy2,nutzenniveau);
                       setcolor(9);
                       altxOben:=hilfx2;altyOben:=hilfy2;
                       altNutzenOben:=nutzenniveau;
                      end;

             if ((hilfx1*preis1)+(hilfy1*preis2)<einkommen)
                AND ((hilfx2*preis1)+(hilfy2*preis2)>einkommen)
                  then begin
                       EbeneSchnittpunkt(hilfx1,hilfy1);
                       setcolor(15);
                       W3dline(altxUnten,altyUnten,altNutzenUnten,
                               hilfx1,hilfy1,nutzenniveau);
                       setcolor(9);
                       altxUnten:=hilfx1;altyUnten:=hilfy1;
                       altNutzenUnten:=nutzenniveau;
                      end;

             if (hilfx1*preis1)+(hilfy1*preis2)>=einkommen then
                  W3dline(hilfx1,hilfy1,nutzenniveau,hilfx2,hilfy2,nutzenniveau)
            end
         else
            if dreidim then           { 3D-Darstellung ohne Budgetebene }
               W3dline(hilfx1,hilfy1,nutzenniveau,hilfx2,hilfy2,nutzenniveau)
            else                      { 2D-Darstellung }
               Wline(hilfx1,hilfy1,hilfx2,hilfy2);
       end;
 end;
END;

{ Indifferenzkurven einzeichnen }
PROCEDURE IndKurven;
VAR hilf:real;
BEGIN
 altNutzenUnten:=0;
 altNutzenOben:=0;
 altxOben:=0;
 altyOben:=x2abschnitt;
 altxUnten:=x1abschnitt;
 altyUnten:=0;
 for j:=1 to IkurvenAnzahl do
     begin
        hilf:=((optNutzen*3)/IkurvenAnzahl)*j;
        Indiff(hilf);
     end;

 if BudgetEbene then           { den letzten (oberen) Teil des Schnitts }
    begin                      { durch das Nutzengebirge einzeichnen    }
     setcolor(15);
     W3dline(altxOben,altyOben,altNutzenOben,x1,x2,OptNutzen);
     W3dline(altxUnten,altyUnten,altNutzenUnten,x1,x2,OptNutzen);
```

```
        setcolor(9);
      end;

END;


PROCEDURE Berechnung;
BEGIN
  x1abschnitt:=Einkommen/preis1;
  x2abschnitt:=Einkommen/preis2;
  x1:=(cd1*einkommen)/((cd1+cd2)*preis1);
  x2:=(cd2*einkommen)/((cd1+cd2)*preis2);
  optNutzen:=cdnutz(x1,x2);
END;


{ Budgetgerade einzeichnen }
PROCEDURE Budgetdraw;
BEGIN
  setcolor(7);
  Wline(0,x2abschnitt,x1abschnitt,0);
  xbeschr(x1abschnitt,9,1);ybeschr(x2abschnitt,9,1);
END;


{ Substitutions- und Einkommenseffekt darstellen, falls gewünscht }
PROCEDURE Effekte (Gutnummer:char);
VAR ch,ch2:char;
    altpreis1,altpreis2,altEinkommen,EinkAenderung:real;
    st:string;
BEGIN
  altpreis1:=preis1;
  altpreis2:=preis2;
  altEinkommen:=Einkommen;
  Funktionsleiste;
  Outtextxy(10,453,'Preis Gut '+Gutnummer+' :');
  if Gutnummer='1' then begin
                        str(preis1:6:0,st);
                        Outtextxy(10,468,'(aktuell: '+st+' )');
                        Graphreadln(120,453,7,preis1)
                      end
                 else begin
                        str(preis2:6:0,st);
                        Outtextxy(10,468,'(aktuell: '+st+' )');
                        Graphreadln(120,453,7,preis2);
                      end;
  Funktionsleiste;
  Outtextxy(10,453,
    'Nachfrageänderung zerlegen in Substitutions- und Einkommenseffekt (J/N) ?');
  ch:=readkey;
  IF (ch='j') OR (ch='J') then
     begin
       Funktionsleiste;
       Outtextxy(10,453,'SUBSTITUTIONSEFFEKT');
       if Gutnummer='1' then EinkAenderung:=x1*(preis1-altpreis1)
                        else EinkAenderung:=x2*(preis2-altpreis2);
       Einkommen:=Einkommen+EinkAenderung;
       Berechnung;
       Budgetdraw;
       ch2:=readkey;
       Funktionsleiste;
       Outtextxy(10,453,'EINKOMMENSEFFEKT');
       Einkommen:=altEinkommen;
       Berechnung;
       Budgetdraw;
       ch2:=readkey;
     end
  ELSE
     begin
       Berechnung;
       Budgetdraw;
     end;
END;




PROCEDURE Aendern;
VAR ch:char;
    st:string;
BEGIN
  Funktionsleiste;
  Outtextxy(10,453,'1 - Preis Gut 1');
  Outtextxy(10,468,'2 - Preis Gut 2');
  Outtextxy(200,453,'3 - Einkommen');
  Outtextxy(450,453,'<ESC> - zurück');
```

```
ch:=readkey;
CASE ch OF
        '1','2': Effekte(ch);
        '3': begin
                Funktionsleiste;
                Outtextxy(10,453,'Einkommen :');
                str(einkommen:6:0,st);
                Outtextxy(10,468,'(aktuell: '+st+' )');
                Graphreadln(115,453,7,einkommen);
                Berechnung;
                Budgetdraw;
                end;
 end;
END;


PROCEDURE Budgetwahl;
BEGIN
 Funktionsleiste;
 Outtextxy(10,453,'1 - optimale Entscheidung');
 Outtextxy(10,468,'2 - Indifferenzkurven');
 Outtextxy(250,453,'3 - Werte ändern');
 Outtextxy(250,468,'4 - Neu');
 Outtextxy(450,453,'<ESC> - zurück');
END;


PROCEDURE Budget;
VAR ch:char;
BEGIN
 initg;
 Budgetwahl;
 setbkcolor(1);
 Fenster(50,100,400,400);
 maxx:=1.5*x1abschnitt;maxy:=1.5*x2abschnitt;
 Welt(0,0,maxx,maxy);
 Kkreuz('x1','x2',1,1);
 Budgetdraw;
 repeat
    ch:=readkey;
    CASE ch OF
        '1': begin Markier(x1,x2,9,1,1);Indiff(optNutzen);end;
        '2': begin IndKurven;end;
        '3': begin Aendern;Budgetwahl;end;
        '4': begin clearviewport;
                    Kkreuz('x1','x2',1,1);
                    Budgetwahl;
                    Budgetdraw;
                end;
    end;
 until ch=#27;
 closegraph;
END;


{ in 3D-Darstellung Wert an Achse in den Raum eintragen }
PROCEDURE x2beschr(x:real;farbe:integer);
VAR s:string;
BEGIN
 setcolor(farbe);
 moveto(30+round((x/maxy)*xAbweichung),ytrans(x));
 settextstyle(2,0,4);
 settextjustify(1,1);
 str(x:0:1,s);
 outtext(s);
END;


{ Konsumentscheidung in 3D-Diagramm markieren }
PROCEDURE DreiDEntscheidung;
BEGIN
 setcolor(15);
 setlinestyle(0,0,1);
 W3DLine(x1abschnitt,0,0,0,x2abschnitt,0);

 setlinestyle(1,0,1);
 W3DLine(x1,0,optNutzen,x1,x2,optNutzen);
 W3DLine(x1,0,0,x1,x2,0);
 W3DLine(x1,0,optNutzen,x1,0,0);

 W3DLine(0,x2,optNutzen,x1,x2,optNutzen);
 W3DLine(0,x2,0,0,x2,optNutzen);
 W3DLine(0,x2,0,x1,x2,0);

 W3DLine(0,0,optNutzen,0,x2,optNutzen);
 W3DLine(0,0,optNutzen,x1,0,optNutzen);

 Fenster(50,100,400,400);
 Welt(0,0,maxx,maxz);
```

```
ybeschr(optNutzen,15,1);
Fenster(50,400-yAbweichung,400,400);
Welt(0,0,maxx,maxy);

xbeschr(x1,15,1);
x2beschr(x2,15);
END;


{ Diagramm für Nutzengebirge mit Begrenzungslinien zeichnen }
PROCEDURE DreiDdraw(perspektive:integer);
VAR hilfx1,hilfx2,hilfy1,hilfy2,hilfz1,hilfz2:real;
BEGIN
 maxx:=1.5*xlabschnitt;
 maxy:=1.5*x2abschnitt;
 maxz:=optNutzen*4;
 Fenster(50,100,400,400);
 Welt(0,0,maxx,maxz);
 Kkreuz('x1','U',1,1);

 xAbweichung:=200;yAbweichung:=perspektive;

 line(50,400,50+xAbweichung,400-yAbweichung); { Achse in den Raum }
 Fenster(50,400-yAbweichung,400,400);
 Welt(0,0,maxx,maxy);

 setcolor(14);
 moveto(round(xAbweichung)+60,ytrans(maxy)-7);
 settextstyle(2,0,4);
 settextjustify(1,1);
 outtext('x2');
 setcolor(7);
 for i:=0 to 99 do
    begin
       hilfy1:=(i/100)*maxy;
       hilfy2:=((i+1)/100)*maxy;
       hilfz1:=CDnutz(maxx,hilfy1);
       hilfz2:=CDnutz(maxx,hilfy2);
       W3DLine(maxx,hilfy1,hilfz1,maxx,hilfy2,hilfz2);
    end;

 for i:=0 to 99 do
    begin
       hilfx1:=(i/100)*maxx;
       hilfx2:=((i+1)/100)*maxx;
       hilfz1:=CDnutz(hilfx1,maxy);
       hilfz2:=CDnutz(hilfx2,maxy);
       W3DLine(hilfx1,maxy,hilfz1,hilfx2,maxy,hilfz2);
    end;
 setlinestyle(1,0,1);
 W3DLine(maxx,maxy,0,maxx,maxy,hilfz2);
 W3DLine(maxx,0,0,maxx,maxy,0);
 W3DLine(maxx,maxy,0,0,maxy,0);
END;


PROCEDURE DreiDwahl;
BEGIN
 Funktionsleiste;
 Outtextxy(10,453,'1 - optimale Entscheidung');
 Outtextxy(10,468,'2 - Perspektive');
 Outtextxy(250,453,'3 - Anzahl Ind.kurven');
 Outtextxy(470,453,'<ESC> - zurück');
END;


PROCEDURE DreiD;
VAR ch:char;
    persp,wiegr:real;
    perspint:integer;
    st:string;
BEGIN
 dreidim:=true;
 initg;
 setbkcolor(1);
 DreiDwahl;
 perspint:=70;
 DreiDdraw(perspint);
 indkurven;
 repeat
   ch:=readkey;
   CASE ch OF
            '1': begin BudgetEbene:=true;
                       clearviewport;
                       DreiDdraw(perspint);
                       DreiDwahl;
                       indkurven;
                       DreiDEntscheidung;
                 end;
```

```
'2': begin Funktionsleiste;
            Outtextxy(10,453,'(0-300) :');
            str(perspint,st);
            Outtextxy(10,468,'(aktuell '+st+')');
            Graphreadln(100,453,7,persp);
            clearviewport;
            perspint:=round(persp);
            DreiDdraw(perspint);
            DreiDwahl;
            indkurven;
            if BudgetEbene then Dreidentscheidung;
     end;

'3': begin Funktionsleiste;
            Outtextxy(10,453,'(10-100) :');
            str(IkurvenAnzahl,st);
            Outtextxy(10,468,'(aktuell '+st+')');
            Graphreadln(100,453,7,wiegr);
            IkurvenAnzahl:=round(wiegr);
            clearviewport;
            DreiDdraw(perspint);
            DreiDwahl;
            indkurven;
            if BudgetEbene then Dreidentscheidung;
     end;

  end;
  until ch=#27;
  closegraph;
  dreidim:=false;
  BudgetEbene:=false;
END;


PROCEDURE Menuwahl;
BEGIN
  clrscr;
  gotoxy(1,6);
  writeln('              OPTIMALE KONSUMENTSCHEIDUNG');
  writeln('              ----------------------------');
  writeln;writeln;
  writeln('              1 - Eingabe');
  writeln;
  writeln('              2 - voreingestellte Beispielwerte übernehmen');
  writeln;
  writeln('              3 - Graphik: Zwei-Güter-Diagramm');
  writeln;
  writeln('              4 - Graphik: Nutzengebirge');
  writeln;
  writeln('              <ESC> - Ende');
END;

BEGIN { vom Hauptprogramm }
  eing:=false;
  dreidim:=false;
  BudgetEbene:=false;
  IkurvenAnzahl:=40;
  textbackground (1);
  textcolor (14);
  Menuwahl;
  repeat
     ch:=readkey;
     CASE ch OF
           '1': begin Eingabe;Berechnung;Menuwahl;eing:=true;end;
           '2': begin EingBsp;Berechnung;Menuwahl;eing:=true;end;
           '3': if eing then begin Budget;Menuwahl;end;
           '4': if eing then begin DreiD;Menuwahl;end;
     end;
  until ch=#27;
END.
```

# 3. Cournot-Duopol und Mengenführerschaft im Stackelberg-Duopol

```
PROGRAM Duopol;
{ Cournot-Duopol und Mengenführerschaft im Stackelberg-Duopol }

USES Crt,Graph,Dipl_Arb;

CONST xstellen=1;
      ystellen=1;

VAR x1,x2,Gew1a,Gew1b,Gew1c,Gew1d,Gew2a,Gew2b,Gew2c,Gew2d,
    Rea1a,Rea1b,Rea2a,Rea2b,xm,ym,a,b,c,d,e,f,g,h,GesOutput,Marktpreis,
    Erloes1,Erloes2,Kosten1,Kosten2,Gewinn1,Gewinn2,x1null,x2null,
    Cx1,Cx2,Sx1,Sx2,monomenge1,monomenge2,monopreis1,monopreis2:real;
    i,j:integer;
    ch:CHAR;
    eing:boolean;


{ für Ausgabe von Funktionstermen }
PROCEDURE plusminus(zahl:real;variable:string);
BEGIN
 if zahl<>0 then
 begin
    if zahl>0 then write('+');
    write(zahl:0:2);
    write(variable);
 end;
END;


PROCEDURE Eingbsp;
BEGIN
 a:=-0.5;   b:=100;
 c:=0;    d:=5; e:=0;
 f:=-0.5; g:=0; h:=0;

 clrscr;
 writeln;
 writeln('Folgende Werte werden übernommen :');
 writeln;
 write('Marktnachfrage : ');
 plusminus(a,'(x1+x2)');
 plusminus(b,'');
 writeln;writeln;
 write('Kosten :  ');
 write('Unternehmen 1 : ');
 plusminus(c,'x1²');
 plusminus(d,'x1');
 plusminus(e,'');
 writeln;
 write('         Unternehmen 2 : ');
 plusminus(f,'x2²');
 plusminus(g,'x2');
 plusminus(h,'');
 writeln;writeln;Taste;
END;


PROCEDURE Eingabe;
BEGIN
 clrscr;writeln;
 writeln('Marktnachfrage in Form a(x1+x2)+b');
 write('a: ');readln(a);
 write('b: ');readln(b);
 writeln;writeln('Kostenfunktionen in Form ax²+bx+c');
 writeln('Unternehmen 1');
 write('a: ');readln(c);
 write('b: ');readln(d);
 write('c: ');readln(e);
 writeln;
 writeln('Unternehmen 2');
 write('a: ');readln(f);
 write('b: ');readln(g);
 write('c: ');readln(h);
END;


{ Reaktionsfunktionen }
FUNCTION ReFkt1(x:real):real;
BEGIN
 ReFkt1:=(-b+d-(a*x))/(2*(a-c));
END;

FUNCTION ReFkt2(x:real):real;
```

```
BEGIN
 Refkt2:=(-(b-g)-(a*x))/(2*(a-f));
END;


PROCEDURE CBerechnung; { Cournot-Fall }
BEGIN
 Gew1a:=a-c; Gew1b:=b-d; Gew1c:=a; Gew1d:=-e;   { Parameter der       }
 Gew2a:=a-f; Gew2b:=b-g; Gew2c:=a; Gew2d:=-h;   { Gewinnfunktionen    }
 Rea1a:=-(a/(2*(a-c)));                          { und                 }
 Rea1b:=(-b+d)/(2*(a-c));                        { Reaktionsfunktionen }
 Rea2a:=-(a/(2*(a-f)));
 Rea2b:=(-b+g)/(2*(a-f));
 x2null:=(-b+g)/a;
 x1null:=(-b+d)/a;
 x1:=((Rea1a*Rea2b)+Rea1b) / (1-(Rea1a*Rea2a));
 x2:=(Rea2a*x1)+Rea2b;
 Cx1:=x1;Cx2:=x2;
 GesOutput:=x1+x2;
 Marktpreis:=(a*GesOutput)+b;
 Erloes1:=marktpreis*x1;
 Erloes2:=marktpreis*x2;
 Kosten1:=(c*sqr(x1))+(d*x1)+e;
 Kosten2:=(f*sqr(x2))+(g*x2)+h;
 Gewinn1:=Erloes1-Kosten1;
 Gewinn2:=Erloes2-Kosten2;
END;

PROCEDURE St1Berechnung; { UN 1 ist Stackelberg-Führer }
BEGIN
 CBerechnung;
 Gew1a:=a-c-(sqr(a)/(2*(a-f)));
 Gew1b:=b-d+(((a*g)-(a*b))/(2*(a-f)));
 Gew1c:=0;

 x1:=(-Gew1b)/(2*Gew1a);
 x2:=ReFkt2(x1);
 Sx1:=x1;Sx2:=x2;
 GesOutput:=x1+x2;
 Marktpreis:=(a*GesOutput)+b;

 Erloes1:=marktpreis*x1;
 Erloes2:=marktpreis*x2;
 Kosten1:=(c*sqr(x1))+(d*x1)+e;
 Kosten2:=(f*sqr(x2))+(g*x2)+h;
 Gewinn1:=Erloes1-Kosten1;
 Gewinn2:=Erloes2-Kosten2;
END;


PROCEDURE St2Berechnung; { UN 2 ist Stackelberg-Führer }
BEGIN
 CBerechnung;
 Gew2a:=a-f-(sqr(a)/(2*(a-c)));
 Gew2b:=b-g+(((a*d)-(a*b))/(2*(a-c)));
 Gew2c:=0;

 x2:=(-Gew2b)/(2*Gew2a);
 x1:=ReFkt1(x2);
 Sx1:=x1;Sx2:=x2;
 GesOutput:=x1+x2;
 Marktpreis:=(a*GesOutput)+b;

 Erloes1:=marktpreis*x1;
 Erloes2:=marktpreis*x2;
 Kosten1:=(c*sqr(x1))+(d*x1)+e;
 Kosten2:=(f*sqr(x2))+(g*x2)+h;
 Gewinn1:=Erloes1-Kosten1;
 Gewinn2:=Erloes2-Kosten2;
END;

PROCEDURE Vberechnung; { für Gegenüberstellung der Werte }
BEGIN
 monomenge1:=Refkt1(0);
 monopreis1:=(a*monomenge1)+b;
 monomenge2:=Refkt2(0);
 monopreis2:=(a*monomenge2)+b;
END;




PROCEDURE Ausgabe;
BEGIN
 clrscr;
 writeln('+--------------+');
 writeln('| UNTERNEHMEN 1 |');
```

```
writeln('+-----------------------------------------------------------------------+');
write('¦ Gewinnfunktion    : ');
plusminus(Gew1a,'x1²');
plusminus(gew1b,'x1');
plusminus(gew1c,'x1x2');plusminus(gew1d,'');
gotoxy(72,4);writeln('¦');
write('¦ Reaktionsfunktion : ');
plusminus(Rea1a,'x2 ');
plusminus(Rea1b,'');
gotoxy(72,5);writeln('¦');
write('¦ Output            : ');write(x1:0:2);
gotoxy(72,6);writeln('¦');
write('¦ Erlös             : ');write(erloes1:0:2);
gotoxy(72,7);writeln('¦');
write('¦ Kosten            : ');write(kosten1:0:2);
gotoxy(72,8);writeln('¦');
write('¦ Gewinn            : ');write(gewinn1:0:2);
gotoxy(72,9);writeln('¦');
writeln('+-----------------------------------------------------------------------+');
writeln('+---------------+');
writeln('¦ UNTERNEHMEN 2 ¦');
writeln('+-----------------------------------------------------------------------+');
write('¦ Gewinnfunktion    : ');
plusminus(Gew2a,'x2²');
plusminus(gew2b,'x2');
plusminus(gew2c,'x1x2');plusminus(gew2d,'');
gotoxy(72,14);writeln('¦');
write('¦ Reaktionsfunktion : ');
plusminus(Rea2a,'x1 ');
plusminus(Rea2b,'');
gotoxy(72,15);writeln('¦');
write('¦ Output            : ');write(x2:0:2);
gotoxy(72,16);writeln('¦');
write('¦ Erlös             : ');write(erloes2:0:2);
gotoxy(72,17);writeln('¦');
write('¦ Kosten            : ');write(kosten2:0:2);
gotoxy(72,18);writeln('¦');
write('¦ Gewinn            : ');write(gewinn2:0:2);
gotoxy(72,19);writeln('¦');
writeln('+-----------------------------------------------------------------------+');
write(' Gesamtoutput : ',GesOutput:0:2);
writeln('               Marktpreis   : ',marktpreis:0:2);
writeln;Taste;
END;


PROCEDURE Vergleich;
BEGIN
 Cberechnung;
 Vberechnung;
 clrscr;
 writeln('                              +---------------------+');
 writeln('                              ¦ OUTPUT  ¦  PREIS  ¦');
 writeln('+-----------------------------+---------+---------¦');
 writeln('¦ UN 1 ist Monopolist         ¦         ¦         ¦');
 writeln('¦ UN 2 ist Monopolist         ¦         ¦         ¦');
 writeln('¦ Cournot-Gleichgewicht       ¦         ¦         ¦');
 writeln('¦ UN 1 ist Mengenführer       ¦         ¦         ¦');
 writeln('¦ UN 2 ist Mengenführer       ¦         ¦         ¦');
 writeln('+-----------------------------------------------------------+');
 gotoxy(31,4);write(monomenge1:10:2);
 gotoxy(44,4);write(monopreis1:10:2);
 gotoxy(31,5);write(monomenge2:10:2);
 gotoxy(44,5);write(monopreis2:10:2);
 gotoxy(31,6);write(GesOutput:10:2);
 gotoxy(44,6);write(marktpreis:10:2);
 St1Berechnung;
 gotoxy(31,7);write(GesOutput:10:2);
 gotoxy(44,7);write(marktpreis:10:2);
 St2Berechnung;
 gotoxy(31,8);write(GesOutput:10:2);
 gotoxy(44,8);write(marktpreis:10:2);
 gotoxy(1,11);taste;
END;


PROCEDURE Ergebniswahl;
BEGIN
 clrscr;
 gotoxy(1,8);
 writeln('             Stackelberg-Fall:');
 writeln;
 writeln('             1 - UN 1 ist Mengenführer');
 writeln;
 writeln('             2 - UN 2 ist Mengenführer');
 writeln;
 writeln;
 writeln('             3 - Cournot-Fall');
 writeln;
 writeln;
```

```
   writeln('                    4 - Gegenüberstellung der Preis-');
   writeln('                        und Output-Niveaus');
   writeln;
   writeln('                    <ESC> - Zurück');
END;


PROCEDURE Ergebnisse;
VAR ch:CHAR;
BEGIN
 Ergebniswahl;
 repeat
    ch:=readkey;
    CASE ch OF
            '1': begin StlBerechnung;Ausgabe;Ergebniswahl;end;
            '2': begin St2Berechnung;Ausgabe;Ergebniswahl;end;
            '3': begin CBerechnung;Ausgabe;Ergebniswahl;end;
            '4': begin Vergleich;Ergebniswahl;end;
        end;
 until ch=#27;
END;


PROCEDURE Reaktdraw;  { Reaktionsfunktionen zeichnen }
VAR hilf1,hilf2:real;
BEGIN
 clearviewport;
 Kkreuz('x1','x2',1,1);
 setcolor(7);
 for i:=0 to 299 do
     begin
            hilf1:=xm*(i/300);
            hilf2:=xm*((i+1)/300);
            Wline(hilf1,Refkt2(hilf1),hilf2,Refkt2(hilf2));
            if i=30 then
                begin
                   moveto(xtrans(hilf1),ytrans(Refkt2(hilf1)));
                   Outtextxy(getx,gety-8,'UN 2');
                end;
     end;
 for i:=0 to 299 do
     begin
            hilf1:=ym*(i/300);
            hilf2:=ym*((i+1)/300);
            Wline(Refkt1(hilf1),hilf1,Refkt1(hilf2),hilf2);
            if i=270 then
                begin
                   moveto(xtrans(Refkt1(hilf1)),ytrans(hilf1));
                   Outtextxy(getx,gety-8,'UN 1');
                end;
     end;
END;


PROCEDURE GGtaste;
BEGIN
 Outtextxy(500,453,'Weiter mit Taste');
 Outtextxy(500,468,'Ende mit <ESC>');
END;

PROCEDURE WegZumGG;
VAR startwert,akt1,akt2,alt1,alt2:real;
    ch:char;
    zstr:string;
BEGIN
 Funktionsleiste;
 Outtextxy(10,453,'Startwert (Menge Unternehmen 1) :');
 Graphreadln(280,453,6,startwert);
 Funktionsleiste;
 akt1:=startwert;
 akt2:=Refkt2(akt1);
 str(akt2:0:2,zstr);
 Outtextxy(10,468,'Unternehmen 2 reagiert mit '+zstr);
 GGtaste;
 ybeschr(akt2,9,ystellen);
 ch:=readkey;


 repeat
   begin
        Funktionsleiste;
        alt1:=akt1;
        akt1:=Refkt1(akt2);
        str(akt1:0:2,zstr);
        Outtextxy(10,453,'Unternehmen 1 reagiert mit '+zstr);
        GGtaste;
        xbeschr(alt1,1,xstellen);
        xbeschr(akt1,9,xstellen);
        Wmoveto (akt1,0);
```

```
      setcolor(14);
      lineto (getx,gety-2);
      lineto (getx,gety+4);
      setlinestyle(1,0,1);
      setcolor(7);
      Wline(alt1,akt2,akt1,akt2);
      ch:=readkey;
      Funktionsleiste;
      alt2:=akt2;
      akt2:=Refkt2(akt1);
      str(akt2:0:2,zstr);
      Outtextxy(10,468,'Unternehmen 2 reagiert mit '+zstr);
      GGtaste;
      ybeschr(alt2,1,ystellen);
      ybeschr(akt2,9,ystellen);
      Wmoveto (0,akt2);
      setcolor(14);
      lineto (getx-2,gety);
      lineto (getx+4,gety);
      setlinestyle(1,0,1);
      setcolor(7);
      Wline(akt1,alt2,akt1,akt2);
      if ch <> #27 then ch:=readkey;
   end;
  until ch=#27;
END;


PROCEDURE Stackelwahl;
BEGIN
  Funktionsleiste;
  Outtextxy(10,453,'1 - UN 1 ist Mengenführer');
  Outtextxy(10,468,'2 - UN 2 ist Mengenführer');
  Outtextxy(450,453,'<ESC> - zurück');
END;


PROCEDURE Stackelwerte;
VAR ch:CHAR;
BEGIN
  Stackelwahl;
  repeat
     ch:=readkey;
     CASE ch OF
        '1': begin Stl1Berechnung;Markier(Sx1,Sx2,9,xstellen,ystellen);end;
        '2': begin St2Berechnung;Markier(Sx1,Sx2,9,xstellen,ystellen);end;
     END
  until ch=#27;
END;


PROCEDURE Reaktwahl;
BEGIN
  Funktionsleiste;
  Outtextxy(10,453,'1 - Cournot-Gleichgewicht');
  Outtextxy(10,468,'2 - Weg zum Cournot-GG');
  Outtextxy(250,453,'3 - Stackelberg-GG');
  Outtextxy(250,468,'4 - Achsenlängen');
  Outtextxy(450,453,'<ESC> - zurück');
END;


PROCEDURE Reaktionsfkt;
VAR ch:CHAR;
BEGIN
  xm:=x2null;
  ym:=x1null;
  Welt(0,0,xm,ym);
  setbkcolor(1);
  xmin:=-50;xmax:=400;ymin:=100;ymax:=400;
  Fenster(xmin,ymin,xmax,ymax);
  Reaktdraw;
  Reaktwahl;

  repeat
     ch:=readkey;
     CASE ch OF
        '1': Markier(Cx1,Cx2,9,xstellen,ystellen);
        '2': begin wegzumgg;Reaktdraw;Reaktwahl;end;
        '3': begin Stackelwerte;Reaktwahl;end;
        '4': begin achsenlaenge(xmax,ymin);Reaktdraw;Reaktwahl;end;
     END
  until ch=#27;
  closegraph;
END;


PROCEDURE Menuwahl;
```

```
BEGIN
 clrscr;
 gotoxy(1,7);
 writeln('          COURNOT-DUOPOL UND MENGENFÜHRERSCHAFT IM STACKELBERG-DUOPOL');
 writeln('          ---------------------------------------------------------');
 writeln;writeln;
 writeln('               1 - Eingabe');
 writeln;
 writeln('               2 - voreingestellte Beispielwerte übernehmen');
 writeln;
 writeln('               3 - Ergebnisse');
 writeln;
 writeln('               4 - Graphik: Reaktionsfunktionen');
 writeln;
 writeln('               <ESC> - Ende');
END;


BEGIN { vom Hauptprogramm }
 eing:=false;
 textbackground (1);
 textcolor (14);
 Menuwahl;
 repeat
     ch:=readkey;
     CASE ch OF
             '1': begin Eingabe;CBerechnung;Menuwahl;eing:=true;end;
             '2': begin EingBsp;CBerechnung;Menuwahl;eing:=true;end;
             '3': if eing then begin Ergebnisse;Menuwahl;end;
             '4': if eing then begin initg;Reaktionsfkt;Menuwahl;end;
         end;
 until ch=#27;
END.
```

# 4. Das IS-LM-Modell

```
PROGRAM Das_ISLM_Modell;

USES Crt,Graph,Dipl_Arb;

CONST xstellen=0;
      ystellen=3;

VAR i,j,ISLMfarbe:integer;
    a,b,c,d,e,f,g,h,t,m,n,p,q,R,Y,ISa,ISb,LMa,LMb,
    links,rechts,oben,unten,Grechts,Glinks,Goben,Gunten,
    GAbschnittY,GAbschnittX,
    Srechts,Slinks,Soben,Sunten,altq,altAD:real;
    ch:char;
    eing:boolean;


PROCEDURE Eingbsp;
BEGIN
  a:=220; b:=0.63; t:=0;
  c:=1000; d:=2000;
  e:=525; f:=0.1; g:=500;
  h:=1200;
  m:=0.1583; n:=1000;
  p:=1;
  q:=900;

  clrscr;
  writeln;
  writeln('Folgende Werte werden übernommen :');
  writeln;
  writeln('Konsumfunktion:         ',a:0:2,' + ',(b*(1-t)):0:2,' Y');
  writeln('Investitionsfunktion: ',c:0:2,' - ',d:0:2,' R');
  writeln('Netto-Exportfunktion: ',e:0:2,' - ',f:0:2,' Y - ',g:0:2,' R');
  writeln('Staatsausgaben:         ',h:0:2);
  writeln('Geldnachfrage:         ',m:0:2,' Y - ',n:0:2,' R');
  writeln('Geldangebot:           ',q:0:2);
  writeln;
  taste;
END;


PROCEDURE Eingabe;
BEGIN
  clrscr;writeln;
  writeln('Konsumfunktion in Form C= a + b(1-t)Y');
  write('a : ');readln(a);
  write('b : ');readln(b);
  write('t : ');readln(t);
  writeln('Investitionsfunktion in Form I= c - dR');
  write('c : ');readln(c);
  write('d : ');readln(d);
  writeln('Netto-Exportfunktion in Form X= e - fY - gR');
  write('e : ');readln(e);
  write('f : ');readln(f);
  write('g : ');readln(g);
  writeln('Geldnachfragefunktion in Form M = (mY-nR)P');
  write('m : ');readln(m);
  write('n : ');readln(n);
  write('Staatsausgaben : ');readln(h);
  write('Preisniveau : ');readln(p);
  write('Geldangebot : ');readln(q);
END;


FUNCTION ISFunktion(wert:real):real;
BEGIN
  ISFunktion:=ISa+(ISb*wert);
END;


FUNCTION LMFunktion(wert:real):real;
BEGIN
  LMFunktion:=LMa+(LMb*wert);
END;


FUNCTION AD(einkommen:real):real; { aggregierte Nachfrage }
BEGIN
  AD:=a+c+h+e+(r*(-d-g))+(einkommen*((b*(1-t))-f));
END;


PROCEDURE Berechnung;
BEGIN
```

```
  ISa:=(a+c+e+h)/(d+g);
  ISb:=-(1-(b*(1-t))+f)/(d+g);
  LMa:=-(q/(n*p));
  LMb:=(m/n);
  Y:=(LMa-ISa)/(ISb-LMb);
  R:=LMFunktion(y);
END;


PROCEDURE Diagrammwerte;
BEGIN
  { Grenzen für Darstellung ISLM-Diagramm }
  rechts:=-ISa/ISb;
  links:=rechts-(2*(rechts-Y));
  unten:=0;
  oben:=2*R;

  { ... für Geldmarkt-Diagramm }
  Grechts:=m*Y*p;
  Glinks:=Grechts-(2*(Grechts-q));
  Gunten:=0;
  Goben:=2*R;

  { ... für Gütermarkt-Diagramm }
  Srechts:=rechts;
  Slinks:=links;
  Soben:=Srechts;
  Sunten:=Slinks;
END;


{ IS-LM-Gleichgewicht einzeichnen }
PROCEDURE ISLMGG;
BEGIN
  setcolor(9);
  setlinestyle(1,0,1);
  Wline(Wxmin,R,Y,R);ybeschr(R,9,ystellen);
  Wline(Y,Wymin,Y,R);xbeschr(Y,9,xstellen);
END;


{ IS- und LM-Kurven zeichnen }
PROCEDURE ISLMdraw;
BEGIN
  clearviewport;
  Kkreuz('Y','R',0,3);
  setcolor(7);
  Wline(links,ISFunktion(links),rechts,unten);
  Wline(links,LMFunktion(links),rechts,LMFunktion(rechts));
END;


{ Verbindungslinien von Geld- und Gütermarkt-GG zu IS-LM-GG }
{ zeichnen (true) bzw. alte Linien loeschen (false) }
PROCEDURE Verbindungslinien(loeschen:boolean);
VAR GGx1,GGx2,GGx3,GGy1,GGy2,GGy3:integer;
BEGIN
  Welt(links,unten,rechts,oben);
  Fenster(50,260,240,400);
  GGx1:=xtrans(Y);GGy1:=ytrans(R);

  Welt(Glinks,Gunten,Grechts,Goben);
  Fenster(360,260,550,400);
  if loeschen then GGx2:=xtrans(altq) else GGx2:=xtrans(q);
  GGy2:=ytrans(R);

  Welt(Slinks,Sunten,Srechts,Soben);
  Fenster(50,50,240,190);
  GGx3:=xtrans(y);
  if loeschen then GGy3:=ytrans(altAD) else GGy3:=ytrans(AD(y));

  if loeschen then setcolor(0) else setcolor(9);
  setlinestyle(1,0,1);
  line(GGx1,GGy1,GGx2,GGy2);
  line(GGx1,GGy1,GGx3,GGy3);

  Welt(links,unten,rechts,oben);
  Fenster(50,260,240,400);
END;




PROCEDURE Lies(name:string; VAR wert:real);
VAR hilf,text1,text2:string;
BEGIN
  setviewport(320,440,639,479,true);
  clearviewport;
```

```
setviewport(0,0,639,479,true);
setlinestyle(0,0,1);
setcolor(8);
rectangle(320,440,639,479);
setfillstyle(1,8);
floodfill(330,450,8);

str(wert:0:2,hilf);
text1:='alter Wert '+name+' : '+hilf;
text2:='neuer Wert '+name+' : ';
setcolor(7);
Outtextxy(330,453,text1);
Outtextxy(330,468,text2);
Graphreadln(450,468,7,wert);
END;


PROCEDURE Aendern;
VAR ch:char;
    LM,IS:boolean;
BEGIN
Funktionsleiste;
Outtextxy(10,453,'1 - Geldangebot');
Outtextxy(10,468,'2 - Staatsausgaben');
Outtextxy(170,453,'3 - Geldnachfrage');
Outtextxy(170,468,'4 - Investition');
Outtextxy(350,453,'5 - Netto-Export');
Outtextxy(350,468,'6 - Konsum');
Outtextxy(500,453,'7 - Preisniveau');
Outtextxy(500,468,'<ESC> - zurück');

LM:=false;
IS:=false;
altq:=q;
altAD:=AD(y);
ch:=readkey;
    CASE ch OF
        '1': begin
                LM:=true;
                Funktionsleiste;
                Outtextxy(10,453,'Geldangebot G');
                Lies('G',q);
             end;
        '2': begin
                IS:=true;
                Funktionsleiste;
                Outtextxy(10,453,'Staatsausgaben S');
                Lies('S',h);
             end;
        '3': begin
                LM:=true;
                Funktionsleiste;
                Outtextxy(10,453,'Geldnachfragefunktion in Form mY-nR');
                Lies('m',m);Lies('n',n);
             end;
        '4': begin
                IS:=true;
                Funktionsleiste;
                Outtextxy(10,453,'Investitionsfunktion in Form c-dR');
                Lies('c',c);Lies('d',d);
             end;
        '5': begin
                IS:=true;
                Funktionsleiste;
                Outtextxy(10,453,'Netto-Exportfunktion in Form e-fY-gR');
                Lies('e',e);Lies('f',f);Lies('g',g);
             end;
        '6': begin
                IS:=true;
                Funktionsleiste;
                Outtextxy(10,453,'Konsumfunktion in Form a+b(1-t)Y');
                Lies('a',a);Lies('b',b);Lies('t',t);
             end;
        '7': begin
                LM:=true;
                Funktionsleiste;
                Outtextxy(10,453,'Preisnivau P');
                Lies('P',p);
             end;
    END;  { von CASE }
Verbindungslinien(true);
Berechnung;
inc(ISLMfarbe);
setcolor(ISLMfarbe);
setlinestyle(0,0,1);
if IS then Wline(links,ISFunktion(links),rechts,ISFunktion(rechts));
if LM then Wline(links,LMFunktion(links),rechts,LMFunktion(rechts));

Welt(Glinks,Gunten,Grechts,Goben);
```

```
     Fenster(360,260,550,400);
     Wline(q,Gunten,q,Goben);
     xbeschr(q,9,xstellen);
     Gabschnitty:=((m/n)*Y)-(Glinks/(p*n));
     Gabschnittx:=m*Y*p;
     Wline(Gabschnittx,Gunten,Glinks,Gabschnitty);
     Welt(Slinks,Sunten,Srechts,Soben);
     Fenster(50,50,240,190);
     setlinestyle(0,0,1);
     Wline(Slinks,AD(Slinks),Srechts,AD(Srechts));
     Verbindungslinien(false);
END;


PROCEDURE Geld_und_Guetermarkt;
BEGIN

{ ISLM-Diagramm }

  clearviewport;
  Welt(links,unten,rechts,oben);
  ISLMfarbe:=9;
  Fenster(50,260,240,400);
  ISLMdraw;

{ Geldmarkt-Diagramm rechts daneben }

  Welt(Glinks,Gunten,Grechts,Goben);
  Fenster(360,260,550,400);
  Kkreuz('M','R',0,3);
  setcolor(7);
  Wline(q,Gunten,q,Goben);
  xbeschr(q,9,xstellen);
  Gabschnitty:=((m/n)*Y)-(Glinks/(p*n));
  Wline(Grechts,Gunten,Glinks,Gabschnitty);

{ Gütermarkt-Diagramm über ISLM-Diagramm }

  Welt(Slinks,Sunten,Srechts,Soben);
  Fenster(50,50,240,190);
  Kkreuz('Y','AD',0,0);
  setcolor(7);
  setlinestyle(1,0,1);
  Wline(Slinks,Sunten,Srechts,Soben);
  setlinestyle(0,0,1);
  Wline(Slinks,AD(Slinks),Srechts,AD(Srechts));
  Verbindungslinien(false);
END;


PROCEDURE ISLMwahl;
BEGIN
  Funktionsleiste;
  Outtextxy(10,453,'1 - Gleichgewicht');
  Outtextxy(10,468,'2 - Werte ändern');
  Outtextxy(180,453,'3 - Dimensionierung dem aktuellen');
  Outtextxy(180,468,'    Gleichgewicht anpassen');
  Outtextxy(480,453,'<ESC> - zurück');
END;


PROCEDURE ISLM;
VAR ch:char;
BEGIN
  Diagrammwerte;
  Welt(links,unten,rechts,oben);
  setbkcolor(1);
  ISLMfarbe:=8;
  Geld_und_Guetermarkt;
  ISLMwahl;
  repeat
     ch:=readkey;
     CASE ch OF
       '1': ISLMGG;
       '2': begin Aendern;ISLMwahl;end;
       '3': begin
               clearviewport;
               Diagrammwerte;
               Welt(links,unten,rechts,oben);
               setbkcolor(1);
               ISLMfarbe:=8;
               Geld_und_Guetermarkt;
               ISLMwahl;
            end;
     END
  until ch=#27;
  closegraph;
END;
```

51

```
PROCEDURE Menuwahl;
BEGIN
  clrscr;
  gotoxy(1,8);
  writeln('                    DAS ISLM-MODELL');
  writeln('                    ----------------');
  writeln;
  writeln;
  writeln('            1 - Eingabe');
  writeln;
  writeln('            2 - voreingestellte Beispielwerte übernehmen');
  writeln;
  writeln('            3 - Graphik: ISLM, Geld- und Gütermarkt');
  writeln;
  writeln('            <ESC> - Ende');
END;


BEGIN { vom Hauptprogramm }
  eing:=false;
  textbackground (1);
  textcolor (14);
  Menuwahl;
  repeat
    ch:=readkey;
    CASE ch OF
        '1': begin Eingabe;Berechnung;Menuwahl;eing:=true;end;
        '2': begin Eingbsp;Berechnung;Menuwahl;eing:=true;end;
        '3': if eing then begin initg;ISLM;Menuwahl;end;
    end;
  until ch=#27;
END.
```

# 5. Optimale Produktionsplanung und Gewinnmaximierung bei kombinierter Anpassung

```
PROGRAM Kombinierte_Anpassung;
{ optimale Produktionsplanung und Gewinnmaximierung bei kombinierter Anpassung }

USES Crt,Graph,Dipl_Arb;

CONST MaxAgg=30;
      MaxSch=150;
      xstellen=2;
      ystellen=2;

VAR i,j,k,l,schritte,xmin,xmax,ymin,ymax,AggrAnzahl,optSchritt:INTEGER;
    ch:CHAR;
    wxmin,wxmax,wymin,wymax,maxx,maxy,zeiteinh,preis,GKmaxx,GKmaxy,
    xachs,yachs,optMenge,gesKosten,gesErloes,gesGewinn,maxOutput,
    PAFa,PAFb,GKniveau:REAL;
    PAF,eing:BOOLEAN;
    a,b,c,GKa,GKb,GKc,maxInt,Intmin,SKmin,GKmax,optInt,SKopt,
    optProduktion,optKosten,optStGewinn,optGewinn,
    optErloes:ARRAY[1..MaxAgg] of REAL;
    aggsort,maxerreicht:ARRAY[1..MaxAgg] of INTEGER;
    GKbeiSK:ARRAY[1..MaxAgg,1..MaxAgg]of REAL;
    GKschritt,MESchritt:ARRAY[0..MaxSch]of REAL;
    Aggregat:ARRAY[1..MaxSch,1..MaxAgg]of CHAR;
    intens:ARRAY[1..MaxSch,1..MaxAgg]of REAL;
    AggInt:ARRAY[1..MaxAgg,1..MaxAgg]of BOOLEAN;
    MEsort:ARRAY[1..MaxAgg,1..MaxAgg]of INTEGER;


PROCEDURE Eingbsp;
BEGIN
 clrscr;
 writeln;writeln('Wieviele Aggregate (1-9) ?');
 readln(AggrAnzahl);

 a[1]:=1;        a[2]:=2;        a[3]:=1;        a[4]:=2;        a[5]:=1;
 b[1]:=-6;       b[2]:=-16;      b[3]:=-10;      b[4]:=-15;      b[5]:=-12;
 c[1]:=101;      c[2]:=50;       c[3]:=-85;      c[4]:=-65;      c[5]:=-40;
 maxInt[1]:=5;   maxInt[2]:=7.5; maxInt[3]:=7;   maxInt[4]:=7;   maxInt[5]:=7;

 a[6]:=1;        a[7]:=2;        a[8]:=1;        a[9]:=1;
 b[6]:=-11;      b[7]:=-16;      b[8]:=-9;       b[9]:=-12;
 c[6]:=85;       c[7]:=85;       c[8]:=80;       c[9]:=57;
 maxInt[6]:=8;   maxInt[7]:=9;   maxInt[8]:=6.8; maxInt[9]:=7.34;

 zeiteinh:=4;

 PAF:=true;
 PAFa:=135;
 PAFb:=-0.8;


 clrscr;
 writeln;
 writeln('Beispiel:');
 writeln;
 writeln(AggrAnzahl,' Aggregate mit folgenden Stückkostenfunktionen:');
 writeln;
 for i:=1 to AggrAnzahl do
 begin
     write('Aggregat ',i,':   ');
     write(a[i]:0:2,'x',#253);
     if b[i]>0 then write('+');
     write(b[i]:0:2,'x');
     if c[i]>0 then write('+');
     write(c[i]:0:2);
     writeln('max. Intensität: ':30,maxInt[i]:0:2);
 end;
 writeln;
 writeln(zeiteinh:0:2,' Zeiteinheiten stehen zur Verfügung');
 writeln;
 writeln('Preis-Absatz-Funktion : ',PAFa:0:2,PAFb:0:2,'x');
 writeln;taste;
END;




{ Wert einer quadratischen Funktion berechnen }
FUNCTION qfkt(x,a,b,c:real):real;
```

```
BEGIN
 qfkt:=((x*x)*a)+(x*b)+c;
END;


{ Grenzerlösfunktion }
FUNCTION Grenzerloes(x:real):real;
BEGIN
 Grenzerloes:=PAFa+(2*PAFb*x);
END;


PROCEDURE Eingabe;
VAR ch:char;
BEGIN
 textbackground (1);
 textcolor (14);
 clrscr;
 writeln('Eingeben:');
 writeln;
 repeat
   write('Anzahl der Aggregate: ');
   readln(AggrAnzahl);
 until AggrAnzahl<=maxAgg;
 writeln(AggrAnzahl,' Stückkostenfunktionen in Form ax',#253,'+bx+c');
 writeln;
 i:=0;
 repeat
    inc(i);
    write('a',i,': ');
    readln(a[i]);
    write('b',i,': ');
    readln(b[i]);
    write('c',i,': ');
    readln(c[i]);
    writeln;
 until i=AggrAnzahl;
 writeln;
 i:=0;
 repeat
    inc(i);
    write('max. Aggregatleistung (ME/ZE) ',i,': ');
    readln(maxInt[i]);
 until i=AggrAnzahl;
 writeln;
 write('Wieviele Zeiteinheiten stehen zur Verfügung ? ');
 readln(zeiteinh);
 writeln;
 writeln('1) Preis-Absatz-Funktion');
 writeln('   oder');
 writeln('2) fester Marktpreis');
 writeln;writeln;
 ch:=readkey;
 if ch='1' then
    begin
        writeln('Preis-Absatz-Funktion in Form a-bx');
        write('a : ');readln(PAFa);
        write('b : ');readln(PAFb);
        PAF:=true;
        if PAFb>0 then PAFb:=-PAFb;
    end
    else
    begin
        write('fester Marktpreis: ');
        readln(PAFa);
        PAFb:=0;
        PAF:=false;
    end;
END;


{ Berechnung der maximalen Werte auf beiden Achsen für
  Dimensionierung des Diagramms der Stückkostenfunktionen }
PROCEDURE Achsenwerte;
VAR hilf,zaehler:real;
BEGIN
 MaxX:=0;
 for i:=1 to AggrAnzahl do if maxInt[i]>MaxX then MaxX:=maxInt[i];
 MaxY:=0;
 for i:=1 to AggrAnzahl do
   begin
        zaehler:=0;
        repeat
            hilf:=qfkt(zaehler,a[i],b[i],c[i]);
            if hilf > MaxY then MaxY:=hilf;
            zaehler:=zaehler+(maxInt[i]/50);
        until zaehler>=maxInt[i];
   end;
END;
```

```
{ Stückkostenfunktionen zeichnen }
PROCEDURE Kfktdraw;
VAR nummer:string;
    help,help2,fhelp1,fhelp2:real;
    k:integer;
BEGIN
 kkreuz('ME/ZE','kv, K''',1,1);
 setcolor(7);
 k:=0;
 for j:=1 to AggrAnzahl do
   begin
       for i:=0 to 199 do
           begin
               help:=maxInt[j]*(i/200);
               help2:=maxInt[j]*((i+1)/200);
               fhelp1:=qfkt(help,a[j],b[j],c[j]);
               fhelp2:=qfkt(help2,a[j],b[j],c[j]);
               WLine (help,fhelp1,help2,fhelp2);
           end;
           moveto(xtrans(help2),ytrans(fhelp2));
           str(j,nummer);
           Outtextxy(getx+5,gety+5,nummer);
   end;
END;


{ Grenzkostenfunktionen zeichnen (im Diagramm der Stückkostenfunktionen) }
PROCEDURE GKdraw;
VAR help,help2:real;
    i,j:integer;
BEGIN
 setcolor(2);
 setlinestyle(0,0,1);
 for j:=1 to AggrAnzahl do
   for i:=0 to 199 do
     begin
       help:=Intmin[j]+((maxInt[j]-Intmin[j])*(i/200));
       help2:=Intmin[j]+((maxInt[j]-Intmin[j])*((i+1)/200));
       WLine (help, qfkt(help, GKa[j],GKb[j],GKc[j]),
              help2,qfkt(help2,GKa[j],GKb[j],GKc[j]));
     end;
END;


{ Grenzerlöskurve inkl. Schnittpunkt mit aggr. GK-Kurve einzeichnen }
PROCEDURE GErloesdraw;
BEGIN
 setlinestyle(0,0,1);
 setcolor(15);
 Wline(Wxmin,PAFa,-(PAFa/(2*PAFb)),wymin);
 Markier(optMenge,GKniveau,15,xstellen,ystellen);
END;


{ Preis-Absatz-Funktion mit gewinnmaximalem Preis einzeichnen }
PROCEDURE PAFdraw;
BEGIN
 setlinestyle(0,0,1);
 setcolor(15);
 Wline(Wxmin,PAFa,-(PAFa/PAFb),wymin);
 Markier(optMenge,preis,15,xstellen,ystellen);
END;


{ Gewinnmaximum einzeichnen für den Fall , daß fester Marktpreis eingestellt wurde }
PROCEDURE Festpreis;
BEGIN
 setcolor(15);
 setlinestyle(1,0,1);
 Wline(Wxmin,preis,optMenge,preis);
 Wline(optMenge,preis,optMenge,Wymin);
 xbeschr(optMenge,15,xstellen);
 ybeschr(preis,15,ystellen);
END;




PROCEDURE Optimum;
VAR ch:char;
BEGIN
 if not PAF
    then Festpreis
    else begin
            Funktionsleiste;
            Outtextxy(10,453,'1 - Grenzerlöskurve');
```

```
            Outtextxy(10,468,'2 - Preis-Absatz-Funktion');
            Outtextxy(500,468,'<ESC> - zurück');
            repeat
              ch:=readkey;
              if ch='1' then GErloesdraw;
              if ch='2' then PAFdraw;
            until ch=#27;
          end;
END;


{ relevante Werte im GK-Diagramm einzeichnen }
PROCEDURE GKwerte(xodery:char);
BEGIN
  setcolor(9);
  setlinestyle(1,0,1);
  for i:=1 to schritte do
   for j:=1 to AggrAnzahl do
      if Aggregat[i,j]='i'
      then begin
               if xodery='x'
               then begin
                        Wline(intens[i,j],wymin,intens[i,j],GKschritt[i]);
                        xbeschr(intens[i,j],9,xstellen);
                    end;
               if xodery='y'
               then begin
                        Wline(intens[i,j],GKschritt[i],Wxmin,GKschritt[i]);
                        ybeschr(GKschritt[i],9,ystellen);
                    end;
           end;
END;

{ Lösung einer quadratischen Gleichung mit Hilfe der pq-Formel.
  Ist z.B. erforderlich, um Punkte zu errechnen, an denen GK
  eines Aggregates die minimalen SK eines anderen erreichen }
FUNCTION pq(a,b,c,wert:real):real;
VAR hilfpq1,hilfpq2,p,q:real;
BEGIN
  p:=(b/a);
  q:=((c-wert)/a);
  hilfpq1:=(-p/2)+sqrt(sqr(p/2)-q);
  hilfpq2:=(-p/2)-sqrt(sqr(p/2)-q);
  if hilfpq1 > 0 then pq:=hilfpq1
                 else pq:=hilfpq2;
END;


{ für gegebenes GK-Niveau die Ausbringungsmenge berechnen }
FUNCTION outp(niveau:real):real;
VAR i:integer;
    hilf:real;
    int:ARRAY[1..Maxagg] of REAL;
BEGIN
  for i:=1 to AggrAnzahl do int[i]:=0;
  for i:=1 to AggrAnzahl do
      begin
           if (niveau > SKmin[i]) AND (niveau <= GKmax[i])
              then int[i]:=pq(GKa[i],GKb[i],GKc[i],niveau);
           if (niveau > SKmin[i]) AND (niveau > GKmax[i])
              then int[i]:=maxInt[i];
      end;
  hilf:=0;
  for i:=1 to AggrAnzahl do hilf:=hilf+(int[i]*zeiteinh);
  outp:=hilf;
END;


PROCEDURE Berechnung;
VAR sorthilf,differenz,grenzeoben,grenzeunten,altgrenzeoben,zwMenge,
    zeit:real;
    h1,h2,h3,hilf1,hilf2,sorth2,anz,nr,nr2,teuerstes:integer;
    uebrig,int,ianp:boolean;

BEGIN
MESchritt[0]:=0;


{ minimale Stückkosten und entsprechende Intensitäten berechnen }
for i:=1 to AggrAnzahl do
    begin
         Intmin[i]:=(-b[i])/(2*a[i]);
         SKmin[i]:=qfkt(Intmin[i],a[i],b[i],c[i]);
    end;

{ Aggregate nach Stückkostenminima sortieren }
for i:=1 to AggrAnzahl do aggsort[i]:=i;
for i:=1 to AggrAnzahl-1 do
   for j:=i to AggrAnzahl do
```

```
       begin
          h1:=aggsort[i];
          h2:=aggsort[j];
          if SKmin[h1] > SKmin[h2]
             then begin
                     sorth2:=aggsort[i];
                     aggsort[i]:=aggsort[j];
                     aggsort[j]:=sorth2;
                  end;
       end;

{ Parameter der Grenzkostenfunktionen berechnen }
for i:=1 to AggrAnzahl do
    begin
       GKa[i]:=3*a[i];
       GKb[i]:=2*b[i];
       GKc[i]:=c[i];
    end;

for i:=1 to AggrAnzahl-1 do    { Punkte errechnen, an denen die Grenzkosten }
    for j:=i+1 to AggrAnzahl do { einer Maschine die minimalen Stückkosten  }
       begin                    { der anderen Maschinen erreichen.          }
          h1:=aggsort[i];
          h2:=aggsort[j];
          GKbeiSK[h1,h2]:=pq(GKa[h1],GKb[h1],GKc[h1],SKmin[h2]);
          if GKbeiSK[h1,h2] >= maxInt[h1] then GKbeiSK[h1,h2]:=maxInt[h1];
       end;

{ Grenzkostenmaxima }
for i:=1 to AggrAnzahl do GKmax[i]:=qfkt(maxInt[i],GKa[i],GKb[i],GKc[i]);
for i:=1 to AggrAnzahl do
    for j:=1 to AggrAnzahl do AggInt[i,j]:=false;
for i:=1 to AggrAnzahl+1 do maxerreicht[i]:=0;

{ welche Aggregate müssen in jedem Intervall zwischen den
  Stückkostenminima zweier aufeinanderfolgenden (nach minimalen SK
  sortierten) Aggregate intensitätsmäßig angepasst werden ?
  und welche Aggregate erreichen in diesem Intervall ihre maximalen GK ?}
for i:=2 to AggrAnzahl do
    for j:=1 to i-1 do
       begin
          h1:=aggsort[i];
          h2:=aggsort[j];
          h3:=aggsort[i-1];
          if (GKmax[h2] >= SKmin[h1]) then AggInt[h2,h1]:=true;
          if (GKmax[h2] > SKmin[h3]) AND (GKmax[h2] < SKmin[h1])
             then
                begin
                   inc(maxerreicht[h1]);
                   MEsort[h1,maxerreicht[h1]]:=h2;
                end;
       end;
{ für jedes dieser Intervalle werden die Aggregate, die ihr GK-maximum
  hier erreichen, nach max.GK sortiert }
for i:=2 to AggrAnzahl do
    begin
       h1:=aggsort[i];
       anz:=maxerreicht[h1];
       if anz > 1
          then begin
                  for k:=1 to anz-1 do
                     for l:=k to anz do
                        begin
                           hilf1:=MEsort[h1,k];
                           hilf2:=MEsort[h1,l];
                           if GKmax[hilf1] > GKmax[hilf2]
                              then
                                 begin
                                    sorth2:=MEsort[h1,k];
                                    MEsort[h1,k]:=MEsort[h1,l];
                                    MEsort[h1,l]:=sorth2;
                                 end;
                        end;
               end;
    end;

for i:=1 to Maxsch do for j:=1 to AggrAnzahl do
    begin
       Aggregat[i,j]:='-';
       intens[i,j]:=0;
    end;

{ Berechnung der Reihenfolge des Einsatzes der Aggregate,
  d.h. 1. an welchen und wievielen Punkten wird von zeitl. in intens.mäßige
          (und umgekehrt) Anpassung übergegangen ?
       2. welche Aggregate werden an jedem Übergangspunkt wie eingesetzt ? }
schritte:=0;
```

```
for i:=1 to AggrAnzahl-1 do
begin
  h1:=aggsort[i];
  inc(schritte);
  Aggregat[schritte,h1]:='z';
  intens[schritte,h1]:=Intmin[h1];
  GKschritt[schritte]:=SKmin[h1];
  for j:=1 to i-1 do
      begin
        h2:=aggsort[j];
        Aggregat[schritte,h2]:='z';
        intens[schritte,h2]:=GKbeiSK[h2,h1];
      end;
  h2:=aggsort[i+1];
  if maxerreicht[h2] > 0 then
  BEGIN
   for j:=1 to maxerreicht[h2] do
    begin
     inc(schritte);
     nr:=MEsort[h2,j];
     Aggregat[schritte,nr]:='i';
     intens[schritte,nr]:=maxInt[nr];
     GKschritt[schritte]:=GKmax[nr];

     for k:=1 to i do
                begin
                  h3:=aggsort[k];
                  if AggInt[h3,h2]=true then
                        begin
                            Aggregat[schritte,h3]:='i';
                            intens[schritte,h3]:=
                               pq(GKa[h3],GKb[h3],GKc[h3],GKmax[nr]);
                        end;
                end;

     for k:=j+1 to maxerreicht[h2] do
                begin
                    nr2:=MEsort[h2,k];
                    Aggregat[schritte,nr2]:='i';
                    intens[schritte,nr2]:=
                       pq(GKa[nr2],GKb[nr2],GKc[nr2],GKmax[nr]);
                end;

    end; {der FOR j-Schleife}
    inc(schritte);
    uebrig:=false;

    for k:=1 to i do
            begin
              h3:=aggsort[k];
              if AggInt[h3,h2]=true then
              begin
                  uebrig:=true;
                  Aggregat[schritte,h3]:='i';
                  intens[schritte,h3]:=GKbeiSK[h3,h2];
                  GKschritt[schritte]:=SKmin[h2];
              end;
            end;

    if uebrig=false then dec(schritte);
   END
   ELSE
    BEGIN
     inc(schritte);
     uebrig:=false;

     for k:=1 to i do
             begin
               h3:=aggsort[k];
               if AggInt[h3,h2]=true then
                     begin
                         uebrig:=true;
                         Aggregat[schritte,h3]:='i';
                         intens[schritte,h3]:=GKbeiSK[h3,h2];
                         GKschritt[schritte]:=SKmin[h2];
                     end;
             end;

     if uebrig=false then dec(schritte);
    END {von ELSE}
end; {der FOR i-Schleife}


{ für die letzten Schritte (GK-Niveau >= minimale SK des Aggregats
  mit dem höchsten SK-Minimum) muss separat berechnet werden }
h1:=aggsort[AggrAnzahl];
inc(schritte);
Aggregat[schritte,h1]:='z';
```

```
intens[schritte,h1]:=Intmin[h1];
GKschritt[schritte]:=SKmin[h1];
for j:=1 to AggrAnzahl-1 do
            begin
                h2:=aggsort[j];
                Aggregat[schritte,h2]:='z';
                intens[schritte,h2]:=GKbeiSK[h2,h1];
            end;

h1:=aggsort[AggrAnzahl];        { wieviele und welche Aggregate erreichen }
h2:=AggrAnzahl+1;               { hier noch ihr GK-Maximum ? }
for i:=1 to AggrAnzahl do
  begin
    if GKmax[i] > SKmin[h1] then
            begin
                inc(maxerreicht[h2]);
                MEsort[h2,maxerreicht[h2]]:=i;
            end;
  end;

anz:=maxerreicht[h2];           { auch hier muss sortiert werden }
if anz > 1 then
    for k:=1 to anz-1 do
        for l:=k to anz do
            begin
                hilf1:=MEsort[h2,k];
                hilf2:=MEsort[h2,l];
                if GKmax[hilf1] > GKmax[hilf2] then
                    begin
                        sorth2:=MEsort[h2,k];
                        MEsort[h2,k]:=MEsort[h2,l];
                        MEsort[h2,l]:=sorth2;
                    end;
            end;

if maxerreicht[h2] > 0 then
    for j:=1 to maxerreicht[h2] do
    begin
            inc(schritte);
            nr:=MEsort[h2,j];
            Aggregat[schritte,nr]:='i';
            intens[schritte,nr]:=maxInt[nr];
            GKschritt[schritte]:=GKmax[nr];
            for k:=j+1 to maxerreicht[h2] do
                begin
                    nr2:=MEsort[h2,k];
                    Aggregat[schritte,nr2]:='i';
                    intens[schritte,nr2]:=
                        pq(GKa[nr2],GKb[nr2],GKc[nr2],GKmax[nr]);
                end;
    end;

for i:=1 to schritte do
 for j:=1 to AggrAnzahl do
    if GKmax[j] < GKschritt[i] then
                begin
                    Aggregat[i,j]:='z';
                    intens[i,j]:=maxInt[j];
                end;

for i:=1 to schritte do
    begin
            ianp:=false;
            for j:=1 to AggrAnzahl do
                if Aggregat[i,j]='i' then ianp:=true;
            if not ianp then GKschritt[i-1]:=GKschritt[i];
    end;

for i:=1 to schritte do         { für alle Übergangspunkte werden die }
    begin                       { Ausbringungsmengen berechnet       }
            MESchritt[i]:=0;
            for j:=1 to AggrAnzahl do
                if Aggregat[i,j] <> '-' then
                    MESchritt[i]:=MESchritt[i]+(intens[i,j]*zeiteinh);
    end;


{ Schnittpunkt der Grenzerlöskurve mit aggr. GK-Kurve berechnen }
GKschritt[0]:=GKschritt[1];
for i:=1 to schritte do
    if      (Grenzerloes(MESchritt[i-1]) > GKschritt[i-1])
        AND (Grenzerloes(MESchritt[i])   < GKschritt[i])
        then begin optSchritt:=i;
                    grenzeunten:=GKschritt[i-1];
                    grenzeoben:=GKschritt[i];
```

59

```
                differenz:=GKschritt[i]-GKschritt[i-1];
        end;

int:=false;
for i:=1 to AggrAnzahl do if aggregat[optSchritt,i]='i' then int:=true;

if int
then { für den Fall, daß Schnittpunkt in einem ansteigenden Bereich liegt }
begin
        for j:=1 to 20 do        { Berechnung durch Annäherung }
        begin
            altgrenzeoben:=grenzeoben;
            grenzeoben:=grenzeunten+differenz/2;
            if Grenzerloes(outp(grenzeoben)) > grenzeoben
                then begin
                    grenzeunten:=grenzeoben;
                    grenzeoben:=altgrenzeoben;
                end;
            differenz:=differenz/2;
        end;
        GKniveau:=grenzeoben;        { Schnitt- }
        optMenge:=outp(GKniveau);    { punkt    }
end

else    { für den Fall, daß Schnittpunkt in einem flachen Bereich liegt }
begin
        if PAF then optMenge:=(GKschritt[optSchritt]-PAFa)/(2*PAFb)
            else optMenge:=MESchritt[optSchritt];
        GKniveau:=GKschritt[optSchritt];
end;

{ optimale Intensitäten berechnen }
for i:=1 to AggrAnzahl do optInt[i]:=0;
for i:=1 to AggrAnzahl do
    begin
        if (GKniveau > SKmin[i]) AND (GKniveau <= GKmax[i])
            then optInt[i]:=pq(GKa[i],GKb[i],GKc[i],GKniveau);
        if (GKniveau > SKmin[i]) AND (GKniveau > GKmax[i])
            then optInt[i]:=maxInt[i];
        if GKniveau=SKmin[i] then optInt[i]:=Intmin[i];
    end;

preis:=PAFa+(PAFb*optMenge); { optimaler Preis }

{ variable Stückkosten im Gewinnmaximum für jedes Aggregat }
for i:=1 to AggrAnzahl do
    if optInt[i]>0 then SKopt[i]:=qfkt(optInt[i],a[i],b[i],c[i])
            else SKopt[i]:=0;

{ produzierte Mengeneinheiten im Gewinnmaximum für jedes Aggregat }
for i:=1 to AggrAnzahl do
    if optInt[i]>0 then optProduktion[i]:=optInt[i]*zeiteinh
            else optProduktion[i]:=0;

{ wenn Grenzerlöskurve einen flachen Abschnitt der GK-Kurve schneidet,
  dann wird ein Aggregat nicht voll zeitlich genutzt. Für dieses muss
  die optimal zu produzierende Menge separat berechnet werden. }
zwmenge:=0;
if not int then
    begin
        for i:=1 to AggrAnzahl do
            begin
                hl:=aggsort[i];
                if Aggregat[optSchritt,hl]='z' then teuerstes:=hl;
            end;
        for i:=1 to AggrAnzahl do
            if (Aggregat[optSchritt,i]='z') AND (i<>teuerstes)
                then zwmenge:=zwmenge+(intens[optSchritt,i]*zeiteinh);
        optProduktion[teuerstes]:=optMenge-zwmenge;
    end;

{ verursachte Kosten im Gewinnmaximum für jedes Aggregat }
for i:=1 to AggrAnzahl do optKosten[i]:=optProduktion[i]*SKopt[i];

{ Stückgewinn im Gewinnmaximum für jedes Aggregat }
for i:=1 to AggrAnzahl do
    if optInt[i]>0 then optStGewinn[i]:=preis-SKopt[i]
            else optStGewinn[i]:=0;

{ Gesamtgewinn im Gewinnmaximum für jedes Aggregat }
for i:=1 to AggrAnzahl do optGewinn[i]:=optStGewinn[i]*optProduktion[i];

{ Gesamterlös im Gewinnmaximum für jedes Aggregat }
for i:=1 to AggrAnzahl do optErloes[i]:=preis*optProduktion[i];

{ Gesamterlös im Gewinnmaximum für das ganze Unternehmen }
gesErloes:=optMenge*preis;
```

```
{ Gesamtkosten im Gewinnmaximum für das ganze Unternehmen }
gesKosten:=0;
for i:=1 to AggrAnzahl do gesKosten:=gesKosten+optKosten[i];

{ Gesamtgewinn im Gewinnmaximum für das ganze Unternehmen }
gesGewinn:=gesErloes-gesKosten;

{ maximal mögliche Outputmenge des Unternehmens }
maxOutput:=0;
for i:=1 to AggrAnzahl do maxOutput:=maxOutput+(maxInt[i]*zeiteinh);

END;



{ optimale Produktionsweise für gegebenen Output anzeigen }
PROCEDURE optProd(gewMenge:real);
VAR zwMenge,output,hilf1,zeit:real;
    hilf2:ARRAY[1..5]of real;
    nr,hl,teuerstes:integer;
    int:boolean;
    strich:string[80];
BEGIN
strich:=
'       +------------------------------------------------------------|';
writeln;
writeln;
writeln
('      +------------------------------------------------------------+');
for i:=1 to schritte do
  if (MESchritt[i-1] < gewMenge) AND (gewMenge <= MESchritt[i]) then nr:=i;

int:=false;
for i:=1 to AggrAnzahl do if Aggregat[nr,i]='i' then int:=true;

if int then
begin
 i:=0;
 repeat
      inc(i);
      output:=0;
      hilf1:=GKschritt[nr-1]+((GKschritt[nr]-GKschritt[nr-1])*(i/200));
      for j:=1 to AggrAnzahl do
          begin
              if Aggregat[nr,j]='z' then
                  output:=output+(intens[nr,j]*zeiteinh);
              if Aggregat[nr,j]='i' then
                  begin
                      hilf2[j]:=pq(GKa[j],GKb[j],GKc[j],hilf1);
                      output:=output+(hilf2[j]*zeiteinh);
                  end;
          end;
  until (output > gewMenge) OR (i=200);

  for j:=1 to AggrAnzahl do
      begin
          if Aggregat[nr,j]='z' then
              begin
                  write('       | Aggregat ',j:2,
                        ': volle zeitliche Nutzung bei ');
                  writeln(intens[nr,j]:11:2,' ME/ZE |');
                  writeln(strich);
              end;
          if Aggregat[nr,j]='i'
              then begin
                  write('       | Aggregat ',j:2,
                        ': volle zeitliche Nutzung bei ');
                  writeln(hilf2[j]:11:2,' ME/ZE |');
                  writeln(strich);
              end;
      end;
end

ELSE

begin
   zwmenge:=0;
   for i:=1 to AggrAnzahl do
       begin
           hl:=aggsort[i];
           if Aggregat[nr,hl]='z' then teuerstes:=hl;
       end;
   for i:=1 to AggrAnzahl do
       if (Aggregat[nr,i]='z') AND (i<>teuerstes) then
           begin
               write('       | Aggregat ',i:2,': volle zeitliche Nutzung bei ');
               writeln(intens[nr,i]:11:2,' ME/ZE |');
```

```
                writeln (strich);
                zwmenge:=zwmenge+(intens[nr,i]*zeiteinh);
            end;
        for i:=1 to AggrAnzahl do
            if i=teuerstes then
                begin
                    zeit:=(gewMenge-zwMenge)/intens[nr,i];
                    write('       ¦ Aggregat ',i:2,': ',zeit:10:2,' ZE einsetzen bei ');
                    writeln(intens[nr,i]:11:2,' ME/ZE ¦');
                end;
    end;
    writeln('          +-----------------------------------------------------------+');
    writeln;writeln;Taste;
END;


PROCEDURE Gewinnmaximum;
VAR i,j:integer;
    strich:string;
BEGIN
clrscr;
writeln;
writeln;
writeln('Für maximalen Gewinn sind die Aggregate folgendermaßen einzusetzen :');
writeln;
OptProd(optMenge);
clrscr;
writeln;
writeln;
writeln('Folgende Werte ergeben sich bei maximalem Gewinn :');
strich:='                  +-----------------------------------¦';
writeln;
writeln;
writeln('                  +----------------------------------+');
writeln('                  ¦ gesamte Produktion:',optMenge:13:2,' ME ¦');
writeln(strich);
writeln('                  ¦ Marktpreis:',preis:21:2,' DM ¦');
writeln(strich);
writeln('                  ¦ Gesamterlös:',gesErloes:20:2,' DM ¦');
writeln(strich);
writeln('                  ¦ Gesamtkosten:',gesKosten:19:2,' DM ¦');
writeln(strich);
writeln('                  ¦ Gesamtgewinn:',gesGewinn:19:2,' DM ¦');
writeln('                  +----------------------------------+');
writeln;
taste;
END;


{ Aggregate einzeln betrachtet }
PROCEDURE AggrAusgabe;
VAR i,j:integer;
BEGIN
clrscr;
for i:=1 to AggrAnzahl do
    begin
        clrscr;
        gotoxy(1,5);
        writeln('                  +--------------+');
        writeln('                  ¦ AGGREGAT ',i:2,'  ¦');
        writeln('     +--------------------------------------------------------------+');
        writeln('     ¦ Stückkostenminimum bei: ',SKmin[i]:33:2,' DM      ¦');
        writeln('     ¦ entsprechende Intensität: ',Intmin[i]:31:2,' ME/ZE   ¦');
        writeln('     ¦--------------------------------------------------------------¦');
        if optInt[i]>0 then
            begin
                writeln('     ¦              Bei maximalem Gewinn:              ¦');
                writeln('     +--------------------------------------------------------------¦');
                writeln('     ¦ Intensität: ',optInt[i]:45:2,' ME/ZE   ¦');
                writeln('     ¦ dabei produziert dieses Aggregat: ',optProduktion[i]:23:2,' ME     ¦');
                writeln('     ¦ bei durchschnittlichen variablen Stückkosten von: ',SKopt[i]:7:2,' DM      ¦');
                writeln('     ¦ Stückgewinn: ',optStGewinn[i]:44:2,' DM     ¦');
                writeln('     ¦ Gesamterlös für dieses Aggregat: ',optErloes[i]:24:2,' DM     ¦');
                writeln('     ¦ Gesamtkosten für dieses Aggregat: ',optKosten[i]:23:2,' DM     ¦');
                writeln('     ¦ Gesamtgewinn für dieses Aggregat: ',optGewinn[i]:23:2,' DM     ¦');
                writeln('     +--------------------------------------------------------------+');
            end
        ELSE
            begin
                writeln('     ¦ Um maximalen Gewinn zu erzielen, wird dieses Aggregat nicht  ¦');
                writeln('     ¦ eingesetzt.                                                  ¦');
                writeln('     +--------------------------------------------------------------+');
            end;
        writeln;taste;
    end;
END;


PROCEDURE gewOutput;
```

62

```pascal
VAR gMenge:real;
BEGIN
 clrscr;
 writeln;
 repeat
   writeln('Bitte gewünschte Menge eingeben (zwischen 0 und ',maxOutput:0:2,' ME) : ');
   readln(gMenge);
   if (gMenge<=0) OR (gMenge>maxOutput) then writeln (#7,'Fehleingabe !');
 until (gMenge>0) AND (gMenge<=maxOutput);
 OptProd(gMenge);
END;


{ optimale Produktionsweise für alle möglichen Outputmengen }
PROCEDURE allOutput;
VAR i,j,hl,teuerstes:integer;
    unter,ober,grenzen,strich:string;
    int:boolean;
BEGIN
 strich:='     +------------------------------------------------------------¦';
 for i:=1 to schritte do
 begin
   clrscr;
   gotoxy(1,5);
   str(MESchritt[i-1]:3:2,unter);
   str(MESchritt[i]:3:2,ober);
   grenzen:=concat('  ¦ von ',unter,' bis ',ober,' ME ¦');
   write('     +');
   for j:=1 to length(grenzen)-10 do write('-');
   writeln('+');
   writeln(grenzen);
   write('     +');
   for j:=1 to length(grenzen)-10 do write('-');
   write('-');
   for j:=1 to 68-length(grenzen) do write('-');
   writeln('+');
   int:=false;
   for j:=1 to AggrAnzahl do if Aggregat[i,j]='i' then int:=true;

   if int then
      for j:=1 to AggrAnzahl do
        begin
          if Aggregat[i,j]='z'
            then begin
                 write('        ¦ Aggregat ',j:2,': volle zeitliche Nutzung bei ');
                 writeln(intens[i,j]:10:2,' ME/ZE ¦');
                 writeln(strich);
                 end;
          if Aggregat[i,j]='i'
            then begin
                 write('        ¦ Aggregat ',j:2,': intensitätsmäßig anpassen bis ');
                 writeln(intens[i,j]:8:2,' ME/ZE ¦');
                 writeln(strich);
                 end;
        end


   ELSE
     begin
        for j:=1 to AggrAnzahl do
          begin
            hl:=aggsort[j];
            if Aggregat[i,hl]='z' then teuerstes:=hl;
          end;
        for j:=1 to AggrAnzahl do
         if (Aggregat[i,j]='z') AND (j<>teuerstes)
           then begin
                write('        ¦ Aggregat ',j:2,': volle zeitliche Nutzung bei ');
                writeln(intens[i,j]:10:2,' ME/ZE ¦');
                writeln (strich);
                end;
        for j:=1 to AggrAnzahl do
         if j=teuerstes
           then begin
                write('        ¦ Aggregat ',j:2,': zeitlich anpassen bei ');
                writeln(intens[i,j]:16:2,' ME/ZE ¦');
                end;
     end;

   writeln('     +--------------------------------------------------------+');
   writeln;
   Taste;
 end;
END;


PROCEDURE AggrOWahl;
BEGIN
 clrscr;
```

```
gotoxy(1,8);
writeln('            1 - gewünschten Output eingeben');
writeln;
writeln('            2 - schrittweise Lösung für alle Outputmengen');
writeln;
writeln('            <ESC> - Zurück');
END;


PROCEDURE AggrOutput;
VAR ch:char;
BEGIN
 AggrOWahl;
 repeat
     ch:=readkey;
     CASE ch OF
           '1': begin gewOutput;AggrOWahl;end;
           '2': begin allOutput;AggrOWahl;end;
     END;
 until ch=#27;
END;


PROCEDURE Ergebwahl;
BEGIN
 clrscr;
 gotoxy(1,8);
 writeln('            1 - Gewinnmaximum');
 writeln;
 writeln('            2 - Aggregate einzeln betrachten');
 writeln;
 writeln('            3 - kostenminimaler Einsatz der Aggregate in');
 writeln('                Abhängigkeit vom gewünschten Output');
 writeln;
 writeln('            <ESC> - Zurück');
END;


PROCEDURE Ergebnisse;
VAR ch:char;
BEGIN
 Ergebwahl;
 repeat
     ch:=readkey;
     CASE ch OF
           '1': begin Gewinnmaximum;Ergebwahl;end;
           '2': begin AggrAusgabe;Ergebwahl;end;
           '3': begin AggrOutput;Ergebwahl;end;
     END;
 until ch=#27;
END;


{ Berechnung der max. Achsenwerte für Dimensionierung des aggr. GK-Diagramms }
PROCEDURE GKAchsenwerte;
VAR hilf:real;
BEGIN
 GKmaxx:=maxOutput;
 GKmaxy:=0;
 for i:=1 to AggrAnzahl do
  if GKmax[i] > GKmaxy then GKmaxy:=GKmax[i];
END;


{ relevante Werte im GK-Diagramm einzeichnen }
PROCEDURE aggDraw(xodery:char);
VAR mhilfx,mhilfy,alty:real;
BEGIN
 setcolor(9);
 setlinestyle(1,0,1);
 alty:=0;
 for i:=1 to schritte do
     begin
           mhilfx:=MESchritt[i];
           mhilfy:=GKschritt[i];
           if xodery='x' then
                           begin
                             Wline(Mhilfx,wymin,Mhilfx,Mhilfy);
                             xbeschr(MESchritt[i],9,xstellen);
                           end;
           if xodery='y' then
              if alty<>mhilfy then
                           begin
                             Wline(Mhilfx,Mhilfy,Wxmin,Mhilfy);
                             ybeschr(GKschritt[i],9,ystellen);
                             alty:=mhilfy;
                           end;
     end;
```

```
END;


{ aggregierte Grenzkostenkurve zeichnen }
PROCEDURE aggGKdraw;
VAR intanp:boolean;
    aggra,aggrb,aggrc,helpx1,helpx2,helpy1,helpy2,hilfy1,hilfy2:real;
    wieviel:integer;
BEGIN
 Cleardevice;
 Kkreuz('ME','K'', E'', p',1,1);
 setcolor(7);
 GKschritt[0]:=GKschritt[1];

 for i:=1 to schritte do
  begin
        intanp:=false;
        for j:=1 to AggrAnzahl do
          if Aggregat[i,j]='i' then intanp:=true;
          if intanp=false then
              Wline(MESchritt[i-1],GKschritt[i-1],MESchritt[i],GKschritt[i])
          else
            begin
                for j:=0 to 99 do
                  begin
                    helpx1:=MESchritt[i-1]+((MESchritt[i]-MESchritt[i-1])*(j/100));
                    helpx2:=MESchritt[i-1]+((MESchritt[i]-MESchritt[i-1])*((j+1)/100));
                    helpy1:=0;
                    helpy2:=0;
                    wieviel:=0;
                    for k:=1 to AggrAnzahl do
                      if Aggregat[i,k]='i' then
                        begin
                          inc(wieviel);
                          hilfy1:=intens[i-1,k]+((intens[i,k]-intens[i-1,k])*(j/100));
                          hilfy2:=intens[i-1,k]+((intens[i,k]-intens[i-1,k])*((j+1)/100));
                          helpy1:=helpy1+qfkt(hilfy1,GKa[k],GKb[k],GKc[k]);
                          helpy2:=helpy2+qfkt(hilfy2,GKa[k],GKb[k],GKc[k]);
                        end;
                    helpy1:=helpy1/wieviel;
                    helpy2:=helpy2/wieviel;
                    Wline(helpx1,helpy1,helpx2,helpy2);
                  end;
            end;
    end;
END;



PROCEDURE Stueckwahl;
BEGIN
 Funktionsleiste;
 Outtextxy(10,453,'1 - Minima');
 Outtextxy(10,468,'2 - Grenzkosten');
 Outtextxy(200,453,'3 - Achsen');
 Outtextxy(200,468,'4 - Neu');
 Outtextxy(410,453,'<ESC> - zurück');
END;


{ Anfangswerte für SK-Diagramm }
PROCEDURE StKanfang;
BEGIN
 Achsenwerte;
 setbkcolor(1);
 wxmin:=0;wymin:=0;wxmax:=Maxx;wymax:=Maxy;
 Welt(wxmin,wymin,wxmax,wymax);
 xachs:=Maxx;
 yachs:=Maxy;
 xmin:=50;ymin:=100;xmax:=400;ymax:=400;
 Fenster(xmin,ymin,xmax,ymax);
 Kfktdraw;
END;


PROCEDURE Minima;
VAR mhilfx,mhilfy:real;
BEGIN
  for i:=1 to AggrAnzahl do
      begin
          mhilfx:=Intmin[i];
          mhilfy:=qfkt(Mhilfx,a[i],b[i],c[i]);
          Markier(mhilfx,mhilfy,9,xstellen,ystellen);
      end;
  Stueckwahl;
END;
```

```
PROCEDURE Grenzkosten;
VAR ch:char;
BEGIN
 GKdraw;
 Funktionsleiste;
 Outtextxy(10,453,'1 - Punkte auf Abszisse');
 Outtextxy(10,468,'2 = Punkte auf Ordinate');
 Outtextxy(240,453,'<ESC> - Zurück');
 repeat
      ch:=readkey;
      CASE ch OF
        '1': gkwerte('x');
        '2': gkwerte('y');
      END;
  until ch=#27;
 Stueckwahl;
END;


PROCEDURE Achsen(soderg:char);
VAR ch:char;
BEGIN
 Achsenwahl;
 ch:=readkey;
      CASE ch OF
        '1': begin
                achsaendernmax(xachs,yachs);
                wxmin:=0;wymin:=0;wxmax:=xachs;wymax:=yachs;
                if soderg='s' then Kfktdraw;
                if soderg='g' then aggGKdraw;
              end;
        '2':begin
                achsenlaenge(xmax,ymin);
                xmin:=50;ymax:=400;
                if soderg='s' then Kfktdraw;
                if soderg='g' then aggGKdraw;
              end;
      END;
END;


PROCEDURE Stueckkosten;
VAR ch:char;
BEGIN
 StKanfang;
 Stueckwahl;

 repeat
      ch:=readkey;
      CASE ch OF
        '1': Minima;
        '2': Grenzkosten;
        '3': begin Achsen('s');Stueckwahl;end;
        '4': begin clearviewport;
                    Kfktdraw;
                    Stueckwahl;
                  end;
      END
  until ch=#27;
  closegraph;
END;


PROCEDURE aggGkwahl;
BEGIN
 Funktionsleiste;
 Outtextxy(10,453,'1 = Punkte auf Abszisse');
 Outtextxy(10,468,'2 - Punkte auf Ordinate');
 Outtextxy(250,453,'3 - Gewinnmaximum');
 Outtextxy(250,468,'4 - Achsen');
 Outtextxy(440,453,'5 = Neu');
 Outtextxy(440,468,'<ESC> - zurück');
END;


PROCEDURE GKanfang;
BEGIN
 GKAchsenwerte;
 setbkcolor(1);
 wxmin:=0;wymin:=0;wxmax:=GKmaxx;wymax:=GKmaxy;
 Welt(wxmin,wymin,wxmax,wymax);
 xmin:=50;ymin:=100;xmax:=400;ymax:=400;
 Fenster(xmin,ymin,xmax,ymax);
END;


PROCEDURE aggGrenzkosten;
VAR ch:char;
```

```
BEGIN
 GKanfang;
 aggGKdraw;
 xachs:=GKmaxx;
 yachs:=GKmaxy;
 aggGKwahl;
 repeat
       ch:=readkey;
       CASE ch OF
         '1': aggdraw('x');
         '2': aggdraw('y');
         '3': begin Optimum;aggGKwahl;end;
         '4': begin Achsen('g');aggGKwahl;end;
         '5': begin clearviewport;
                    aggGKdraw;
                    aggGKwahl;
              end;
       END
 until ch=#27;
 closegraph;
END;


PROCEDURE Menuwahl;
BEGIN
 clrscr;
 gotoxy(1,4);
 writeln('        OPTIMALE PRODUKTIONSPLANUNG UND GEWINNMAXIMIERUNG ');
 writeln('        ---------------------------------------------------');
 writeln('                   BEI KOMBINIERTER ANPASSUNG');
 writeln('                   --------------------------');
 writeln;writeln;
 writeln('              1 - Eingabe');
 writeln;
 writeln('              2 - voreingestellte Beispielwerte übernehmen');
 writeln;
 writeln('              3 - Ergebnisse');
 writeln;
 writeln('              4 - Graphik: Stückkostenkurven');
 writeln;
 writeln('              5 - Graphik: aggregierte Grenzkostenkurve');
 writeln;
 writeln('              <ESC> - Ende');
END;


BEGIN { vom Hauptprogramm }
 eing:=false;
 textbackground (1);
 textcolor (14);
 Menuwahl;
 repeat
    ch:=readkey;
    CASE ch OF
            '1': begin Eingabe;Berechnung;Menuwahl;eing:=true;end;
            '2': begin EingBsp;Berechnung;Menuwahl;eing:=true;end;
            '3': if eing then begin Ergebnisse;Menuwahl;end;
            '4': if eing then begin initg;Stueckkosten;Menuwahl;end;
            '5': if eing then begin initg;aggGrenzkosten;Menuwahl;end;
        end;
 until ch=#27;
END.
```

# 6. Portfolio-Selection

```
PROGRAM Portfolio_Selection;

USES Crt,Graph,Dipl_Arb;

VAR R1,R2,S1,S2,Korrkoeff,zins,Maxx,Maxy,Smax,Rmax,x1,x2,z1,z2,z3,
    gewRendite,anteilwp1,anteilwp2:real;
    hoeher,AnzSituationen:integer;
    ch:char;
    mitRisikolos,EFrisikofrei,eing:boolean;
    p,rend1,rend2:ARRAY[1..20] of real;


PROCEDURE Eingbsp;
BEGIN
  R1:=14; R2:=8;
  S1:=6;  S2:=4;
  Korrkoeff:=0;Zins:=4;
  clrscr;writeln;
  writeln('Folgende Werte werden übernommen:');writeln;
  writeln('Erwartungswert Rendite Anlage 1 : ',R1:0:1,' %');
  writeln('Erwartungswert Rendite Anlage 2 : ',R2:0:1,' %');writeln;
  writeln('Standardabweichung Anlage 1 : ',S1:0:1);
  writeln('Standardabweichung Anlage 2 : ',S2:0:1);writeln;
  writeln('Korrelationskoeffizient : ',Korrkoeff:0:2);writeln;
  writeln('Zinssatz für risikolose Anlagen/Kredite : ',zins:0:2);writeln;
  taste;
END;


PROCEDURE Tabellenberechnung;
VAR summe1,summe2,varianz1,varianz2,kovarianz:real;
    i:integer;
BEGIN
  R1:=0;R2:=0;
  varianz1:=0;varianz2:=0;
  kovarianz:=0;
  for i:=1 to AnzSituationen do
      begin
          R1:=R1+(p[i]*rend1[i]);
          R2:=R2+(p[i]*rend2[i]);
      end;
  for i:=1 to AnzSituationen do
      begin
          varianz1:=varianz1+(sqr(rend1[i]-R1)*p[i]);
          varianz2:=varianz2+(sqr(rend2[i]-R2)*p[i]);
          kovarianz:=kovarianz+(((rend1[i]-R1)*(rend2[i]-R2))*p[i]);
      end;
  S1:=sqrt(varianz1);
  S2:=sqrt(varianz2);
  Korrkoeff:=kovarianz/(S1*S2);
END;


PROCEDURE Eingabe;
VAR ch:char;
    zeile:integer;
    psumme:real;
BEGIN
  clrscr;writeln;writeln;
  writeln('erwartete Rendite, Standardabweichung und Korrelationskoeffizient');
  writeln;
  writeln('1) direkt eingeben');
  writeln('   oder');
  writeln('2) aus Tabelle errechnen');
  ch:=readkey;
  if ch='1' then
     begin
         clrscr;writeln;writeln;
         write('Erwartungswert Rendite Anlage 1 : ');readln(R1);
         write('Erwartungswert Rendite Anlage 2 : ');readln(R2);
         write('Standardabweichung Anlage 1 : ');readln(S1);
         write('Standardabweichung Anlage 2 : ');readln(S2);
         write('Korrelationskoeffizient : ');readln(Korrkoeff);
     end
  else
     begin
         AnzSituationen:=1;
         psumme:=0;
         clrscr;
         writeln;
```

```pascal
   writeln('                    Eintrittswahr-      Rendite         Rendite');
   writeln('Umweltsituation      scheinlichkeit     Anlage 1        Anlage 2');
   writeln('_____');
   writeln;
   repeat
     zeile:=5+AnzSituationen;
     gotoxy(9,zeile);writeln(AnzSituationen);
     gotoxy(26,zeile);readln(p[AnzSituationen]);
     gotoxy(43,zeile);readln(rend1[AnzSituationen]);
     gotoxy(60,zeile);readln(rend2[AnzSituationen]);
     psumme:=psumme+p[AnzSituationen];
     inc(AnzSituationen);
   until psumme>=0.99;     { läßt z.B. auch den Fall zu, daß für 3 Situationen
                             Wahrsch. von 0.33 angegeben wird }
   dec(AnzSituationen);
   Tabellenberechnung;
   writeln;
   writeln('Erwartungswert der Rendite        ',R1:5:2,'       ',R2:5:2);
   writeln('Standardabweichung                ',S1:5:2,'       ',S2:5:2);
   writeln('Korrelationskoeffizient       ',Korrkoeff:0:2);
  end;
  writeln;
  writeln;
  write('Zinssatz für risikolose Anlagen/Kredite : ');readln(zins);
END;


{ optimale Wertpapieranteile im Portefeuille bei Möglichkeit einer
  Anlage mit risikolosem Zins berechnen }
PROCEDURE Berechnung;
VAR a,b,c,d,e,f,g,h,i,j:real;
BEGIN
  If R1>R2 then begin hoeher:=1;RMax:=R1;Smax:=S1;end
           else begin hoeher:=2;RMax:=R2;Smax:=S2;end;

  if gewRendite=zins { Division durch null verhindern }
    then begin z1:=0;z2:=0;z3:=1;x1:=0;x2:=0; end
    else begin
         a:=2*sqr(s1); b:=2*Korrkoeff*s1*s2; c:=r1-zins;
         d:=2*sqr(s2); e:=2*Korrkoeff*s1*s2; f:=r2-zins;
         g:=gewRendite;    h:=r1;  i:=r2;  j:=zins;
         z2:=(j-g) / ( (j-i) - (((b-(d*(c/f)))*(j-h)) / (a-(e*(c/f))))));
         z1:=z2*(-(b-(d*(c/f))) / (a-(e*(c/f))));
         z3:=1-z1-z2;    { Anteil der risikolosen Anlage }
         x1:=z1/(z1+z2); { Anteil Anlage 1 im Marktportefeuille }
         x2:=z2/(z1+z2); {    "    Anlage 2   "         "        }
         end;
END;


{ Standardabweichung des Portefeuilles fuer gegebenes Mengenverhältnis }
FUNCTION Sp(anteil1:real):real;
VAR anteil2:real;
BEGIN
  anteil2:=1-anteil1;
  Sp:= sqrt((sqr(anteil1)*sqr(s1)) + (sqr(anteil2)*sqr(s2)) + (2*anteil1*anteil2*Korrkoeff*s1*s2));
END;


{ Erwartete Rendite des Portefeuilles fuer gegebenes Mengenverhältnis }
FUNCTION Rp(anteil1:real):real;
VAR anteil2:real;
BEGIN
  anteil2:=1-anteil1;
  Rp:=(anteil1*R1)+(anteil2*R2);
END;


{ Funktion R(S) bei risikolosem Zins (Gerade) }
FUNCTION RausS(s:real):real;
BEGIN
  RausS:=zins+(((Rp(x1)-zins)/Sp(x1))*s);
END;


{ ... Umkehrfunktion davon }
FUNCTION SausR(r:real):real;
BEGIN
  SausR:=((r-zins)*Sp(x1))/(Rp(x1)-zins);
END;


{ mögliche Kombinationen zeichnen }
PROCEDURE Portfdraw;
VAR hilf1,hilf2,xa,xb,ya,yb:real;
    i:integer;
BEGIN
```

```
setcolor(7);
for i:=0 to 99 do
 begin
  hilf1:=i/100;
  hilf2:=(i+1)/100;
  xa:=Sp(hilf1);xb:=Sp(hilf2);
  if (hoeher=1) and (not EFrisikofrei) and (xb>xa) then setcolor(15);
  if (hoeher=2) and (not EFrisikofrei) and (xb<xa) then setcolor(15);
  if (hoeher=2) and (not EFrisikofrei) and (xb>xa) then setcolor(7);
  ya:=Rp(hilf1);yb:=Rp(hilf2);
  Wline(xa,ya,xb,yb);
 end;
END;


{ Darstellung mit risikoloser Anlage }
PROCEDURE Risikolos;
VAR R,S:real;
    st:string;
BEGIN
 EFrisikofrei:=true;
 Portfdraw;
 S:=Sp(x1);
 R:=Rp(x1);
 setcolor(15);
 setlinestyle(0,0,1);
 if (x1>1) or (x2>1) or (zins>=Rmax) then
     begin                { Wenn kein 'echter' Tangentialpunkt vorhanden ist    }
       R:=Rmax;           { (z.B. wenn Korr.koeffizient=1), dann muß die Gerade }
       S:=Smax;           { der Eff. Frontier durch den Punkt der Anlage mit der}
       if hoeher=1 then begin      { höheren Rendite gehen.                     }
                       x1:=1;x2:=0;
                       S:=Sp(1);
                       R:=Rp(1);
                   end
                 else begin
                       x2:=1;
                       x1:=0;
                       S:=Sp(0);
                       R:=Rp(0);
                   end;
           Wline(0,zins,2*S,zins+(((R-zins)/S))*(2*S));
     end
     else
           Wline(0,zins,2*S,RausS(2*S));
 ybeschr(zins,7,1);
 Markier(S,R,15,1,1);
 setcolor(15);settextjustify(0,1);settextstyle(0,0,1);
 Outtextxy(440,245,'im Tangentialpunkt :');
 str(x1:4:2,st);
 Outtextxy(440,265,'Anteil Anlage 1 :   '+st);
 str(x2:4:2,st);
 Outtextxy(440,280,'Anteil Anlage 2 :   '+st);
END;


{ Bei gegebener Rendite (ohne risikofreien Zins) das Mengenverhältnis
  im Portefeuille berechnen. Berechnung mittels Annäherung }
PROCEDURE RendOhneBerechnung;
VAR i:integer;
    obergrenze,untergrenze:real;
BEGIN
 if hoeher=1 then begin obergrenze:=1;untergrenze:=0;end
             else begin obergrenze:=0;untergrenze:=1;end;
 for i:=1 to 20 do
   begin
     anteilwp1:=untergrenze+((obergrenze-untergrenze)/2);
     if Rp(anteilwp1)>gewRendite
       then obergrenze:=anteilwp1
       else untergrenze:=anteilwp1;
   end;
 anteilwp2:=1-anteilwp1;
END;


{ Vorherige Ausgabe löschen (bei 'Rendite vorgeben') }
PROCEDURE Loeschen;
BEGIN
 setviewport(370,40,639,100,true);
 clearviewport;
 setviewport(0,0,639,479,true);
 Markier(Sp(anteilwp1),Rp(anteilwp1),1,1,1);
 Markier(SausR(gewRendite),gewRendite,1,1,1);
END;


PROCEDURE RendMitErgebnis;
VAR st:string;
BEGIN
```

```
if (x1>1) or (x2>1) or (zins>=Rmax) then { Wenn kein 'echter' Tangentialpunkt vorhanden }
   begin                                 { dann muß extra berechnet werden               }
      if hoeher=1 then begin
                         x1:=1;
                         x2:=0;
                         z1:=(gewRendite-zins)/(R1-zins);
                         z2:=0;
                         z3:=1-z1;
                       end
                  else begin
                         x2:=1;
                         x1:=0;
                         z2:=(gewRendite-zins)/(R2-zins);
                         z1:=0;
                         z3:=1-z2;
                       end;
   end;
 setcolor(15);
 str(z1:4:2,st);
 Outtextxy(370,50,'Anteil Anlage 1 :  '+st);
 str(z2:4:2,st);
 Outtextxy(370,65,'Anteil Anlage 2 :  '+st);
 str(z3:4:2,st);
 Outtextxy(370,80,'Anteil risikolose Anlage :  '+st);
 Markier(SausR(gewRendite),gewRendite,15,1,1);
END;


PROCEDURE RendOhneErgebnis;
VAR st:string;
BEGIN
 setcolor(15);
 str(anteilwp1:4:2,st);
 Outtextxy(370,50,'Anteil Anlage 1 :  '+st);
 str(anteilwp2:4:2,st);
 Outtextxy(370,65,'Anteil Anlage 2 :  '+st);
 Markier(Sp(anteilwp1),Rp(anteilwp1),15,1,1);
END;


PROCEDURE RenditeEingabe;
BEGIN
 Loeschen;
 Funktionsleiste;
 Outtextxy(10,453,'gewünschte Rendite in % : ');
 Graphreadln(220,453,5,gewRendite);
 if mitRisikolos then begin Berechnung;RendMitErgebnis;end
                 else begin RendOhneBerechnung;RendOhneErgebnis;end;
END;


PROCEDURE Renditewahl;
BEGIN
 Funktionsleiste;
 Outtextxy(10,453,'1 - ohne risikolosen Zins');
 Outtextxy(10,468,'2 - mit risikolosem Zins');
 Outtextxy(500,453,'<ESC> - zurück');
END;


PROCEDURE Rendite;
VAR ch:char;
BEGIN
 anteilwp1:=x1;anteilwp2:=x2;
 Renditewahl;
 repeat
    ch:=readkey;
    CASE ch OF
         '1': begin mitRisikolos:=false;RenditeEingabe;RenditeWahl;end;
         '2': begin mitRisikolos:=true;RenditeEingabe;RenditeWahl;end;
    end;
 until ch=#27;
END;


PROCEDURE Diagrammwahl;
BEGIN
 Funktionsleiste;
 Outtextxy(10,453,'1 - Nur Anlage 1');
 Outtextxy(10,468,'2 - Nur Anlage 2');
 Outtextxy(250,453,'3 - mit risikolosem Zins');
 Outtextxy(250,468,'4 - Rendite vorgeben');
 Outtextxy(500,453,'5 - Neu');
 Outtextxy(500,468,'<ESC> - zurück');
END;
```

```
PROCEDURE Diagramm;
VAR ch:char;
BEGIN
 initg;
 Diagrammwahl;
 setbkcolor(1);
 Fenster(50,100,400,400);
 maxx:=1.5*Smax;maxy:=1.5*Rmax;
 Welt(0,0,maxx,maxy);
 Kkreuz('Sp','E(Rep)',1,1);
 Portfdraw;
 repeat
   ch:=readkey;
   CASE ch OF
           '1': Markier(s1,r1,9,1,1);
           '2': Markier(s2,r2,9,1,1);
           '3': if Korrkoeff>-1 then risikolos;
           '4': begin Rendite;Diagrammwahl;end;
           '5': begin clearviewport;
                      Diagrammwahl;
                      Kkreuz('Sp','E(Rep)',1,1);
                      EFrisikofrei:=false;
                      Portfdraw;
                end;
   end;
 until ch=#27;
 closegraph;
END;


PROCEDURE Menuwahl;
BEGIN
 clrscr;gotoxy(1,8);
 writeln('                PORTFOLIO-SELECTION');
 writeln('                ------------------');
 writeln;writeln;
 writeln('        1 - Eingabe');writeln;
 writeln('        2 - voreingestellte Beispielwerte übernehmen');writeln;
 writeln('        3 - Graphik');writeln;
 writeln('        <ESC> - Ende');
END;


BEGIN { vom Hauptprogramm }
 eing:=false;
 EFrisikofrei:=false;
 gewRendite:=-1;
 textbackground (1);
 textcolor (14);
 Menuwahl;
 repeat
   ch:=readkey;
   CASE ch OF
           '1': begin Eingabe;Berechnung;Menuwahl;eing:=true;end;
           '2': begin EingBsp;Berechnung;Menuwahl;eing:=true;end;
           '3': if eing then begin EFrisikofrei:=false;Diagramm;Menuwahl;end;
   end;
 until ch=#27;
END.
```

# 7. Der zentrale Grenzwertsatz

```
PROGRAM Der_Zentrale_Grenzwertsatz;

USES Crt,Graph,Dipl_Arb;

CONST MaxX=99;
      MaxXachse=20;
      MaxSPumfang=100;
      MaxSPmenge=2000;
      MaxSPVX=200;

VAR i,j,SPumfang,SPmenge,SPsumme,Klassen,GG:INTEGER;
    X:ARRAY[0..MaxX] OF INTEGER;
    SPmittel:ARRAY[1..MaxSPmenge] OF REAL;
    SummeSPV,MittelSPV,StdAbwSPV,hilfsumme,GGmittel:real;
    ch:CHAR;
    StandardNV:boolean;

{ Funktion der Normalverteilung }
FUNCTION NormVert(x:real):real;
VAR hilf:real;
BEGIN
 hilf:=-0.5*sqr((x-mittelSPV)/stdabwSPV);
 if hilf>-80          { Gleitkomma-Überlauf vermeiden }
     then NormVert:=(1/(stdabwSPV*sqrt(2*pi)))*exp(hilf)
     else NormVert:=0;
END;

{ ... Standardnormalverteilung }
FUNCTION StdNormVert(z:real):real;
BEGIN
 StdNormVert:=(1/(sqrt(2*pi)))*exp((-sqr(z))/2);
END;

{ Standardisieren }
FUNCTION ZTraFo(x:real):real;
BEGIN
 ZTraFo:=(x-mittelSPV)/stdabwSPV;
END;

{ Normalverteilung zeichnen }
PROCEDURE Normalverteilung;
VAR hilf1,hilf2:real;
BEGIN
 setcolor(7);
 for i:=0 to 99 do
     begin
         hilf1:=(i/100)*MaxXachse;
         hilf2:=((i+1)/100)*MaxXachse;
         Wline(hilf1,normvert(hilf1),hilf2,normvert(hilf2));
     end;
END;

{ Standardnormalverteilung zeichnen }
PROCEDURE Standardnormalverteilung;
VAR ch:char;
    hilf1,hilf2:real;
BEGIN
 setcolor(7);
 for i:=0 to 99 do
  begin
      hilf1:=4*(i/100);
      hilf2:=4*((i+1)/100);
      Wline(hilf1,stdnormvert(hilf1),hilf2,stdnormvert(hilf2));
      Wline(-hilf1,stdnormvert(hilf1),-hilf2,stdnormvert(hilf2));
  end;
END;

{ Mittelwert und Standardabweichung der Ausgangsverteilung berechnen & ausgeben }
PROCEDURE GrundGesMittel;
VAR summe:integer;
    s:string;
    GGvarianz,GGstdabw:real;

BEGIN
 summe:=0;
 GGvarianz:=0;
```

```
for i:=0 to MaxX do summe:=summe+x[i];
GGmittel:=summe/(MaxX+1);
for i:=0 to MaxX do GGvarianz:=GGvarianz+sqr(x[i]-GGmittel);
GGvarianz:=GGvarianz/Maxx;
GGstdabw:=sqrt(GGvarianz);

str(GGmittel:0:2,s);
Outtextxy(430,200,'Mittelwert: '+s);
str(GGstdabw:0:2,s);
Outtextxy(430,215,'Standardabw.: '+s);
END;


PROCEDURE GGauswahl(nr:integer);
VAR summ,k,start,ende:integer;
BEGIN
 clearviewport;
 Welt(0,0,MaxXachse,20);
 Kkreuz('xi','ni',0,0);
 Funktionsleiste;
 Outtextxy(150,453,'mit Leertaste Verteilung auswählen');
 Outtextxy(120,468,'zur Stichprobenmittelwertverteilung mit <ESC>');
 CASE nr OF
          1: for i:=0 to MaxX do X[i]:=round((i+5)/10);
          2: begin randomize;
                    for i:=0 to MaxX do X[i]:=random(20)+1;
             end;
          3: begin  for i:=1 to MaxX do x[i]:=0;
                    k:=1;
                    start:=0;
                    ende:=0;
                    repeat
                        for i:=start to ende do x[i]:=k;
                        start:=start+k;
                        ende:=ende+k+1;
                        inc(k);
                    until k=26;
             end;
 END;
 Grundgesmittel;
 for i:=0 to 20 do
     begin
         summ:=0;
         for j:=0 to MaxX do if x[j]=i then inc(summ);
         Wline(i,0,i,summ);
     end;
END;


PROCEDURE Grundgesamtheit;
VAR ch:CHAR;
BEGIN
 GGauswahl(GG);
 repeat
  ch:=readkey;
  if ch=' ' then begin
                   inc(GG);
                   if GG>3 then GG:=1;
                   GGauswahl(GG);
                 end;
 until ch=#27;
 clearviewport;
 Welt(0,0,MaxXachse,1);
 Kkreuz('MW','fi',0,1);
 StandardNV:=false;
END;


{ klassierte Stichprobenmittelwertverteilung zeichnen
  (sowohl für Normalverteilung als auch für Standardnormalverteilung) }

PROCEDURE SPVerteilung;
VAR SPVX:ARRAY[0..MaxSPVX]of integer;
    ywert:ARRAY[0..MaxSPVX]of real;
    hilf:integer;
    Klassenbreite,SNVKlassenbreite,xwert1,xwert2:real;
BEGIN
 klassenbreite:=MaxXachse/Klassen;
 SNVKlassenbreite:=(ZTraFo(MaxXachse)-ZTraFo(0))/Klassen;
 for i:=0 to klassen do SPVX[i]:=0;
 for i:=1 to SPmenge do
    begin
       hilf:=round((((SPmittel[i]+(Klassenbreite/2))/MaxXachse)*klassen);
       inc(SPVX[hilf]);
    end;
 setcolor(9);
 for i:=1 to klassen do
     begin
         ywert[i]:=(SPVX[i]/SPmenge)/Klassenbreite;
```

```
            xwert1:=(i-1)*klassenbreite;
            xwert2:=i*klassenbreite;
            if StandardNV then
                begin
                    xwert1:=ZTraFO(xwert1);
                    xwert2:=ZTraFO(xwert2);
                    ywert[i]:=(SPVX[i]/SPmenge)/SNVKlassenbreite;
                end;
            if ywert[i]>0 then
                begin
                    Wline(xwert1,0,xwert1,ywert[i]);
                    Wline(xwert1,ywert[i],xwert2,ywert[i]);
                    Wline(xwert2,ywert[i],xwert2,0);
                end;
        end;
END;


{ Stichproben ziehen, Mittel und Standardabweichung berechnen }
PROCEDURE Stichproben;
BEGIN
  SummeSPV:=0;
  randomize;
  for i:=1 to SPmenge do
      begin
        SPsumme:=0;
        for j:=1 to SPumfang do SPsumme:=SPsumme+x[random(MaxX+1)];
        SPmittel[i]:=SPsumme/SPumfang;
        summeSPV:=summeSPV+SPmittel[i];
      end;
  MittelSPV:=summeSPV/SPmenge;
  hilfsumme:=0;
  for i:=1 to SPmenge do hilfsumme:=hilfsumme+sqr(SPmittel[i]-MittelSPV);
  StdAbwSPV:=sqrt(hilfsumme/SPmenge);
END;


PROCEDURE Einstellungen;
VAR hilf:real;
    ch:char;
BEGIN
  Funktionsleiste;
  Outtextxy(10,453,'1 - Umfang einer Stichprobe');
  Outtextxy(10,468,'2 - Anzahl der Stichproben');
  Outtextxy(250,453,'3 - Anzahl der Klassen für');
  Outtextxy(250,468,'    Darstellung der Verteilung ');
  Outtextxy(520,468,'<ESC> - Zurück');
  ch:=readkey;
  CASE ch OF
            '1': begin Funktionsleiste;
                    setcolor(7);
                    Outtextxy(10,453,'Stichprobenumfang (maximal 100) :');
                    Graphreadln(280,453,4,hilf);
                    SPumfang:=round(hilf);
                 end;
            '2': begin
                    Funktionsleiste;
                    setcolor(7);
                    Outtextxy(10,453,'Stichprobenanzahl (maximal 2000) :');
                    Graphreadln(285,453,4,hilf);
                    SPmenge:=round(hilf);
                 end;
            '3': begin
                    Funktionsleiste;
                    setcolor(7);
                    Outtextxy(10,453,'Anzahl der Klassen (maximal 200) :');
                    Graphreadln(285,453,4,hilf);
                    Klassen:=round(hilf);
                 end;
  END;
END;


PROCEDURE Kenndaten;
VAR s:string;
BEGIN
  setcolor(7);
  settextjustify(0,1);
  settextstyle(0,0,1);
  str(MittelSPV:0:2,s);
  Outtextxy(410,230,'Mittelwert   :'+s);
  str(StdAbwSPV:0:2,s);
  Outtextxy(410,245,'Standardabw.: '+s);
  str(SPumfang,s);
  Outtextxy(410,280,'Stichprobenumfang: '+s);
  str(SPmenge,s);
  Outtextxy(410,295,'Stichprobenanzahl: '+s);
  str(klassen,s);
  Outtextxy(410,310,'Klassenanzahl: '+s);
```

```
END;


PROCEDURE Hauptmenu;
BEGIN
 Funktionsleiste;
 Outtextxy(10,453,'1 - Einstellungen');
 Outtextxy(10,468,'2 - Grundgesamtheit');
 if StandardNV then Outtextxy(200,453,'3 - Normalverteilung')
             else Outtextxy(200,453,'3 - Standardnormalverteilung');
 Outtextxy(200,468,'Leertaste - Neue Berechnung');
 Outtextxy(480,453,'<ESC> - Ende');
END;


PROCEDURE Darstellung;
BEGIN
 clearviewport;
 Hauptmenu;
 Stichproben;
 if StandardNV then begin
                    Standardnormalverteilung;
                    Kkreuz('Z','fi',1,1);
                 end
              else begin
                    Normalverteilung;
                    Kkreuz('MW','fi',0,1);
                   end;
 SPverteilung;
 Kenndaten;
END;


BEGIN { vom Hauptprogramm }
 SPmenge:=1000;
 SPumfang:=30;
 Klassen:=70;
 StandardNV:=false;
 GG:=1;
 initg;
 setbkcolor(1);
 Fenster(50,100,400,400);
 Grundgesamtheit;
 Hauptmenu;
 Darstellung;
 repeat
    ch:=readkey;
    CASE ch OF
            '1': begin Einstellungen;Hauptmenu;end;
            '2': begin Grundgesamtheit;Hauptmenu;Darstellung;end;
            '3': if StandardNV then
                    begin
                       StandardNV:=false;
                       Welt(0,0,MaxXachse,1);
                       clearviewport;
                       Kkreuz('MW','fi',0,1);
                       Normalverteilung;
                       Hauptmenu;
                       SPVerteilung;
                    end
                 else

                    begin
                       StandardNV:=true;
                       Welt(-4,0,4,0.6);
                       clearviewport;
                       Kkreuz('Z','fi',1,1);
                       Standardnormalverteilung;
                       Hauptmenu;
                       SPVerteilung;
                    end;
            ' ': begin Darstellung;Hauptmenu;end;
    END;
 until ch=#27;
END.
```

# Literaturverzeichnis

Auckenthaler, C.  (1991)

Trust Banking. Theorie und Praxis des Anlagegeschäftes
Bern; Stuttgart 1991

Dornbusch, R. und Fischer, S.  (1992)

Makroökonomik
5. Aufl., München; Wien 1992

Elton, E. und Gruber, M.  (1995)

Modern Portfolio Theory and Investment Analysis
5. Aufl., New York; Chichester; Brisbane; Toronto;
Singapur 1995

Hall, R. und Taylor, J.  (1991)

Macroeconomics
3. Aufl., New York; London 1991

Hauser, S.  (1981)

Statistische Verfahren zur Datenbeschaffung und
Datenanalyse
Freiburg 1981

Hilke, W.  (1988)

Zielorientierte Produktions- und Programmplanung
3. Aufl., Neuwied 1988

Jacob, H.  (1962)

Produktionsplanung und Kostentheorie
in: Theorie der Unternehmung, Festschrift zum 65.
Geburtstag von E. Gutenberg, Hrsg. Koch, H.,
Wiesbaden 1962, S.205 ff.

Varian, H.  (1995)

Grundzüge der Mikroökonomik
3. Aufl., München; Wien 1995

**Diplomarbeiten Agentur**

Die Diplomarbeiten Agentur vermarktet seit 1996 erfolgreich
Wirtschaftsstudien, Diplomarbeiten, Magisterarbeiten, Dissertationen
und andere Studienabschlußarbeiten aller Fachbereiche und Hochschulen.

**Seriosität, Professionalität und Exklusivität prägen unsere Leistungen:**

- Kostenlose Aufnahme der Arbeiten in unser Lieferprogramm
- Faire Beteiligung an den Verkaufserlösen
- Autorinnen und Autoren können den Verkaufspreis selber festlegen
- Effizientes Marketing über viele Distributionskanäle
- Präsenz im Internet unter **http://www.diplom.de**
- Umfangreiches Angebot von mehreren tausend Arbeiten
- Großer Bekanntheitsgrad durch Fernsehen, Hörfunk und Printmedien

Setzen Sie sich mit uns in Verbindung:

**Diplomarbeiten Agentur**
Dipl. Kfm. Dipl. Hdl. Björn Bedey –
Dipl. Wi.-Ing. Martin Haschke ——
und Guido Meyer GbR ————

Hermannstal 119 k ————
22119 Hamburg ————

Fon: 040 / 655 99 20 ————
Fax: 040 / 655 99 222 ————

agentur@diplom.de ————
www.diplom.de ————

*Diplomarbeiten* Agentur

# www.diplom.de

- **Online-Katalog**
  mit mehreren tausend Studien

- **Online-Suchmaschine**
  für die individuelle Recherche

- **Online-Inhaltsangaben**
  zu jeder Studie kostenlos einsehbar

- **Online-Bestellfunktion**
  damit keine Zeit verloren geht

**Wissensquellen
gewinnbringend nutzen.**

**Wettbewerbsvorteile
kostengünstig verschaffen.**

www.ingramcontent.com/pod-product-compliance
Lightning Source LLC
La Vergne TN
LVHW092343060326
832902LV00008B/784